A combined BBC television and radio course for beginners in French.

Book 1 Programmes 1–12

Course Designer	John Ross
	University of Essex
Language Consultant	Danielle Raquidel
TV drama sketches	Jean-Claude Arragon
Les Aventures de Renard	Mireille Fleming
L'Amour de la Vie	Antoine Tudal
TV Director	Terry Doyle
Radio Producer	Alan Wilding
TV Producer	Tony Roberts
Executive Producers	
Radio	Edith R. Baer
Television	Sheila Innes

BRITISH BROADCASTING CORPORATION

Ensemble is a combined Television and Radio course for beginners.
It consists of:
24 twenty five-minute colour Television programmes first broadcast on
Tuesdays on BBC2 at 18.40 from 30 September 1975, and repeated on
Wednesdays at 12.05 and on Sundays at 10.10, BBC1.

24 thirty-minute Radio programmes, first broadcast on Wednesdays on
Radio 3 medium wave at 19.00 from 1 October 1975 with repeats on
Sundays on Radio 4 VHF at 15.00, with supplementary programmes over
the Christmas holiday period.

Two course books (covering programmes 1–12 and 13–24).

Two LP records or cassettes.

Two sets of Teachers' Notes, which include full scripts of 'L'Amour de la Vie',
the Television serial story.

Text illustrations by Hugh Ribbans.
Cartoons for 'Les Aventures de Renard' by Jenny Dallas.

Published to accompany a series of programmes in consultation with the
BBC Further Education Advisory Council.

© The Authors and the British Broadcasting Corporation 1975
First published 1975. Reprinted 1975.
Published by the British Broadcasting Corporation
35 Marylebone High Street, London W1M 4AA

Printed in England by Jolly and Barber Ltd, Rugby, Warwickshire.
ISBN: 0 563 10959 9

This book is set in 10/11 Univers Medium 689

Contents

Introduction 4
Pronunciation guide 6

Chapter 1
Who's who and what's what? 9

Chapter 2
Getting to know you 19

Chapter 3
What's available and where is it? 29

Chapter 4
Getting what you want 40

Chapter 5
Getting precisely what you want 51

Chapter 6
Revision 62
Grammar summary 69
Try your skill (i) 72

Chapter 7
Saying what you'd like to do 76

Chapter 8
Getting directions and going places 86

Chapter 9
Likes and dislikes 98

Chapter 10
Is it possible? If so, where and when? 109

Chapter 11
State your intentions 120

Chapter 12
Revision 130
Grammar summary 136
Try your skill (ii) 140

Reference section
Adjectives 144
Answers to exercises 145
Vocabulary 157
Numbers 166

Introduction

Why Ensemble ?

Ensemble means 'together', and the title reflects the way in which television, radio, books and records (or cassettes) and teachers' notes are combined to produce a beginners' French course. The title also points to the course's main aim – to enable you to get together with French-speaking people in everyday situations. The course is designed primarily for those studying at home, individually or in groups, watching the Television programmes, listening to the Radio programmes and following the book. But the best way to get used to speaking a language is through practice with other people, so we recommend that wherever possible, students of *Ensemble* should join a further education class.

The Programmes

Each week the Television and Radio programmes concentrate on the same key structures of French, illustrating them in different ways. The Television programmes contain: a dramatised sketch; an animated cartoon, 'Les Aventures de Renard' (the adventures of Renard the Fox, which incidentally provides an irreverent version of classic French fables); and a specially commissioned serial story 'L'Amour de la Vie' filmed on location in France. The Radio programmes are based on real-life recordings made in France – in the streets, in cafés and shops, in people's houses – and so the voices you will hear are those of ordinary French people going about their everyday activities. In the programmes there will be ample opportunity to *hear* authentic French and to *practise* what you have learnt.

The LP Records/Cassettes

The Television dramatised sketches and a selection from the Radio interviews (marked thus in the book *) are available on two LP records or cassettes. With these you can become thoroughly familiar with the basic material of the course. They are obtainable from booksellers or from BBC Publications, P.O. Box 234, London SE1 3TH.

The Books

In the two *Ensemble* books you will find the texts of the dramatised TV sketches, 'Les Aventures de Renard', and the radio interviews. After each, in the section called *Expressions*, you will find a list of some of the phrases used and their English equivalents. These translations are given in *context*; where there's a literal translation it will be indicated.

Each chapter also contains a section called *Explications* – explanations of the week's key structures and other language points – and *A propos* – notes about various aspects of French life and customs. There are also exercises which you can do orally or in writing, and answers at the back of the book. Every sixth chapter contains a grammar summary and self-assessment test, so you can have some idea of your progress. We suggest that you read through the summary first, then 'try your skill'. Correct your answers in the back, where you will also find page references, to check anything you may have got wrong.

Teachers' Notes

These two volumes are designed primarily for tutors running further education courses linked to *Ensemble*, although any teacher could find them useful. The two sets of notes contain supplementary text material, exercises and suggested class activities. If there isn't a suitable class in your area, you might like to start a study circle with a few friends and so find the *Teachers' Notes* a helpful addition to the course.

The *Teachers' Notes* also contain full texts of the Television serial 'L'Amour de la Vie'. This serial, pitched at a slightly higher level than the teaching scenes, is designed specifically to develop *understanding* of spoken French, so the scripts do not appear in the *Ensemble* course books. However, people who want to progress further may like to have a copy of these scripts for their own private study. And of course the texts provide especially useful material for teachers.

Living with Ensemble

Obviously, the more contact with the language – and with the course – the better. Both sets of programmes are repeated within the same week, but if you can't manage to make a regular date with both television and radio, you can still make reasonable headway by following only one. While the two sets of programmes are designed to complement and reinforce one another, they are nevertheless independent – so it isn't a case of all or nothing.

Incidentally, don't for a moment think you have to learn every word in *Ensemble*. If you're lost for a word there's always the pocket dictionary. A vast number of French words are almost the same as in English anyway. The crucial thing to master is *not* vocabulary but *key structures*. Structures are bricks to build with; vocabulary is of your own choosing and depends largely on your personal needs. Indeed *you* may not immediately grasp every word used in *Ensemble*. This is deliberate: where understanding is concerned, we aim to develop your ability to get the gist and the general meaning.

Where you *are* expected to be accurate is in your use of the key structures which form the basis of each lesson. They have been chosen because of the frequency with which they occur, and the range of situations they cover.

As you gain confidence, don't be afraid to experiment with the language even if you feel you're taking risks: the worst thing that can happen will be a gale of laughter (and this, incidentally, is a good ice-breaker, quite apart from the virtues of learning by one's mistakes). In any case the basic language you acquire through *Ensemble* will be adequate to retrieve the situation.

By the end of the course you should be well equipped to deal with the day-to-day situations travellers have to face: booking hotel rooms, asking the way, ordering meals and so on. You should also be able to make your contribution to conversations with French people: describing things, telling stories, expressing opinions and so on.

Finally, remember there is no *one* way to learn a language. Our suggestion is to give everything a try, and give it as much time as you can. After a couple of weeks you'll have worked out your way of using the course and that's when you'll really start making progress.

Pronunciation Guide

So many sounds in French — especially vowel sounds — are different from English, that the best way to start acquiring a good accent is to listen and imitate the speakers in the radio and television programmes. Better still, use the records or cassettes as often as possible in conjunction with the texts in this book. And don't be afraid of twisting your mouth into some unfamiliar shapes! In the early stages of the course, however, you may find the following brief guide a useful reference when working with the book alone. But please bear in mind that in print descriptions of sounds can only be approximate.

1. The final consonant in many French words is not pronounced at all

franc	français	tout	regardez	les
tabac	vous	escargot	Paris	Bardot

2. Vowels

a   is often similar to the Southern English 'a' sound in pat or cat:
Paris, Avignon, Sacha Distel, capitale, acteur

e   in many words is almost elided. The 'a' in English 'above' or the English article in a man and a woman are the same 'neutral' sound as the French 'e':
le, petit, de Gaulle, Alain Delon

è/ê   are more similar to the English 'a' in dare:
père, mère, bière, infirmière, vous êtes, vêtement, honnête

é   is similar to, but crisper and shorter than, the 'ay' sound in English eighteen:
café, géographie, étudiant

i   is similar to the 'i' in police:
qui, il, ville, Maurice, police, vite, six, dix, cigarette

o   is similar to the 'o' in odd or holiday:
voleur, géographie, révolution

NB 'O' at the end of a word is more similar to the Scottish 'o' in most or toast, i.e. pronounced with rounded lips 'Eau' and 'au' are pronounced in the same way:
numéro, photo, château, bureau, au

u   is probably the most difficult sound to imitate for English speakers. Try rounding your lips as if whistling. Then place the tip of your tongue against the back of your bottom teeth, and try to say 'dee'. The sound you make should be similar to the French word du:
du, musique, une, révolution

eu   is like the 'u' sound in fur, but cut it short:
deux, peu, vieux

ou   is similar to the 'oo' sound in English food, but the lips are rounded more tightly:
où, voudrais, tout, voulez-vous, couturier

oi   This sound is similar to the 'wa' sound at the beginning of Southern English wonder or the French word Loire:
au revoir, voix, trois, poisson, boîte, noir

3. Nasals These are sounds in which a vowel is followed by an 'n' or 'm'.

en/an Say the English word 'don' and you will see that the tip of your tongue touches the roof of your mouth at the end of the word. Now try saying the word again, but stop your tongue touching the roof of your mouth at the last moment. The sound you make should be similar to the French an and en sounds:

dans, français, restaurant, président, Jean, Rouen, and . . . Ensemble

on is similar to the an/en sounds but fuller and rounder, with lips slightly pursed. Try making the cavity of your mouth larger as you make this sound:

bon, bonjour, Dijon, Avignon, trompette, attention, question

un Try saying 'sun' in the same way as 'don' above (i.e. preventing your tongue from touching the roof of your mouth) and you should make the un sound heard at the end of French words:

un, Lebrun, aucun

in Same again, only this time try saying the word 'ban' in the same way:

vin, Cardin, impossible, intéressant, vingt, prince

The same sound occurs in words ending -ien or -ain:

bien, musicien, parisien, train, pain, terrain

4. Consonants A number of these are pronounced differently from the English equivalents.

c before an 'e' or 'i' is like the 's' of sea and soap:

merci, c'est, cigarette, cinq, centime, célibataire, France, Maurice, Alsace

c before other letters is like the hard 'c' in English 'cat', 'cot', or 'cut':

Calais, Cardin, Cannes, Giscard, café, carte, couturier, acteur

ç is always pronounced like the soft 's' above:

français, garçon, ça

ch is like the 'sh' sound in 'shirt' or 'sugar':

Charles de Gaulle, Sacha Distel, Chartres, architecte, chanteur, riche

g before an 'e' or 'i' is like the English 's' sound in pleasure or measure:

Giscard, Brigitte, gendarme, géographie

g before other letters is like the hard 'g' in 'goat':

de Gaulle, grand, magasin, Grace Kelly

gn An exception is the sound of 'g' followed by 'n'. This is pronounced rather like the 'ny' sound of English 'onion' or 'opinion':

Champagne, Bourgogne, Avignon, Dordogne, campagne, montagne

j is pronounced in the same way as the soft 'g' in gendarme above:

je, bonjour, Dijon, Beaujolais, Jeanne d'Arc

th is like the 't' in English 'tap' or 'tonic' or 'Thomas', but less staccato:

thé, théâtre, cathédrale

qu is always like the 'k' sound in 'kick' and never like the 'kw' sound in quick:

qu'est-ce que c'est, qui est-ce, question, musique

h is not pronounced:

histoire, hôtel, hôpital, hôtesse

5. Liaison The final consonant of a word is frequently not pronounced (see section 1 above). But if the word that follows in the sentence begins with a vowel or 'h', the final 't' or 's' of the preceding word is carried over (and the 's' is pronounced like 'z').

C'est le président *but* c'est un acteur

Les femmes *but* les hommes

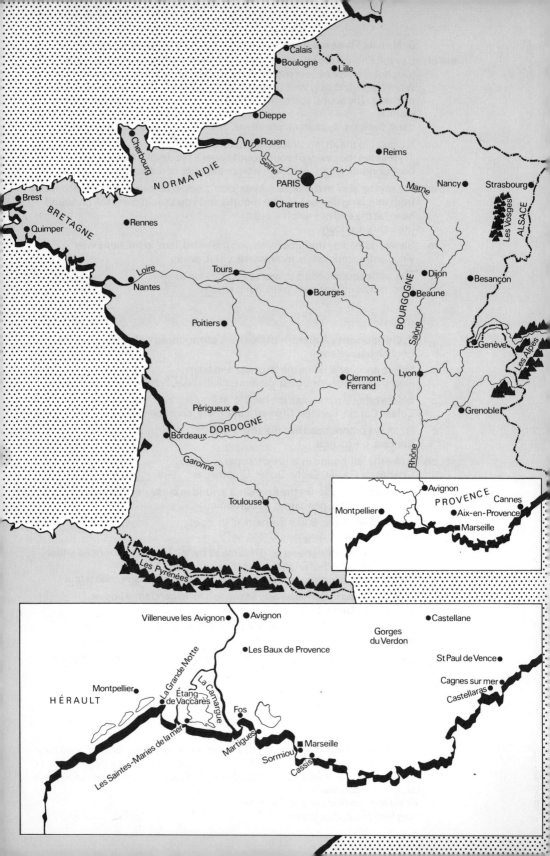

Calais
Boulogne
Lille
Dieppe
Cherbourg
Rouen
Reims
NORMANDIE
Seine
PARIS
Marne
Nancy
Strasbourg
Brest
BRETAGNE
Chartres
ALSACE
Les Vosges
Quimper
Rennes
Loire
Tours
Nantes
Bourges
Dijon
Besançon
BOURGOGNE
Beaune
Poitiers
Saône
Genève
Les Alpes
Clermont-
Ferrand
Lyon
Périgueux
DORDOGNE
Grenoble
Bordeaux
Rhône
Garonne
Avignon
PROVENCE
Cannes
Toulouse
Montpellier
Aix-en-Provence
Marseille
Les Pyrénées

Villeneuve les Avignon
Avignon
Castellane
Gorges
du Verdon
Les Baux de Provence
St Paul de Vence
La Grande Motte
La Camargue
Cagnes sur mer
Montpellier
Castellaras
HÉRAULT
Étang
de Vaccarès
Fos
Les Saintes-Maries de la mer
Martigues
Marseille
Sormiou
Cassis

Who's who and what's what?

Questions . . .	. . . Answers
Qu'est-ce que c'est ?	**C'est . . .**
What is it ?	*It's . . .*
Qui est-ce ?	**Ce n'est pas . . .**
Who is it ?	*It isn't . . .*

Télévision

A television studio. A quiz game is just starting. The master of ceremonies, l'animateur, *opens the show.*

L'animateur	Bonjour mesdames, bonjour mesdemoiselles, bonjour messieurs. Et maintenant la grande finale ! (*Introduces the contestants.*) Et voici monsieur Blanc.
M. Blanc	Bonjour.
L'animateur	Madame Dupont.
Mme Dupont	Bonjour.
L'animateur	Et mademoiselle Descartes.
Mlle Descartes	Bonsoir.
L'animateur	Et voici la question numéro un. C'est une question d'histoire. Qui est ce personnage ? Qui est-ce ? *The photo of a young man appears on a screen.*
L'animateur	Madame Dupont, qui est-ce ?
Mme Dupont	C'est le prince Charles.
L'animateur	Non, ce n'est pas le prince Charles. Mademoiselle Descartes ?
Mlle Descartes	Je ne sais pas. Euh . . . Euh . . . Euh . . . C'est Sacha Distel ?
L'animateur	Mais non, mais non. Ce n'est pas Sacha Distel, ce n'est pas le prince Charles. C'est . . . ? Vite ! Vite ! Encore cinq secondes. Cinq, quatre, trois, deux, un . . . Ah ! Monsieur Blanc ?
M. Blanc	C'est de Gaulle ?
L'animateur	Mais oui. C'est de Gaulle. (*Applause.*)

Later in the game. M. Blanc has three points, Mme Dupont two.

L'animateur	Et voici la question numéro six. C'est une question de géographie. (*The outline of France appears on the screen.*) Qu'est-ce que c'est? Mademoiselle Descartes ?
Mlle Descartes	Je ne sais pas. Euh . . Euh . . Euh . . C'est la France?
L'animateur	Bravo mademoiselle! C'est la France (*Applause.*)

Later. M. Blanc has fifteen points, Mme Dupont has ten, Mlle Descartes has still only one point. A simple tune is played.

L'animateur   Et maintenant c'est une question de musique. Attention! Qu'est-ce que c'est? Monsieur Blanc? (*M. Blanc shrugs.*) Madame Dupont? (*Mme Dupont shakes her head*) Alors mademoiselle Descartes?

Mlle Descartes   Euh... c'est... euh... je ne sais pas!

L'animateur   Mais bien sûr! Bravo mademoiselle! C'est la chanson 'Je ne sais pas'! (*Thunderous applause.*)

Expressions

voici	*here is*
qui est ce personnage?	*who is this person?*
je ne sais pas	*I don't know*
mais non	*of course not*
encore cinq secondes	*five seconds to go*
vite!	*quickly! hurry up!*
mais oui	*of course*
attention!	*careful! watch out!*
bien sûr	*of course. quite right.*

Télévision

Les Aventures de Renard

Qu'est-ce que c'est?

Note

Renard the fox is the hero of the animated cartoon *'Les Aventures de Renard'*. He is a charming opportunist who lives on the fringes of society and looks on, amused, at the foibles of others, of whom he sometimes takes advantage. But if his character is sometimes dubious his literary antecedents are impeccable. In France his exploits were handed down by word of mouth for centuries and finally written down in the late Middle Ages as *'Le Roman de Renard'*. Many of the adventures of our Renard are loosely based on La Fontaine's *'Fables'* written in the seventeenth century. To this day these fables are amongst the first stories told to French children, who are all familiar with the stock characters of this animal world: the blustering wolf, the status-seeking frog, the light-fingered magpie, the industrious squirrel, the greedy bear—and, above all, Renard, the wily fox.

Renard, the fox, tired and hungry, on a country road. He sees a newspaper parcel in the ditch.

Renard   (*to himself*) Qu'est-ce que c'est? (*Opens parcel. It contains rubbish*) Bah! (*He notices the picture of a film star in the paper. Whistles.*) Qui est-ce? C'est Brigitte Bonbon. Ça, c'est une femme! (*He notices the man with her.*) Et l'homme? Je ne sais pas. (*He puts his identity card photo over the man.*) C'est Brigitte Bonbon et Renard! (*Puts cutting in his pocket for good luck*).

A day later all Renard has found to eat is some old fish bones.

Renard   (*to himself*) Pouah! C'est la fin. (*He makes a cross and lies down beside it.*) Au revoir Brigitte, mon amour. Adieu. *Night falls. At dawn he is woken by chickens clucking.*

Renard	(*to himself*) Qu'est-ce que c'est? (*He looks through the hedge and sees an old hen.*) Bof! C'est une poule! (*Then seeing a fine young chicken.*) Mais ça, c'est un poulet! Miam! Miam! *Renard breakfasts well. Later he comes across a well bearing the sign 'Dégustation gratuite'. He stupidly gets on one of the buckets and falls in with a great splash.*
Renard	(*shouting*) Au secours! Au secours! *M. Leloup, the gendarme, appears.*
Leloup	Qu'est-ce que c'est? C'est la révolution? (*Peering down*) Qui est-ce?
Renard	Zut! C'est le gendarme.
Leloup	(*shouting*) Nom, adresse, carte d'identité! (*Sees remnants of chicken*) C'est un voleur! (*He sees himself making the headlines in the local newspaper which carries his picture and the caption 'C'est un héros!'*) A l'attaque! (*He leaps into the bucket. As he hurtles down into the well Renard rises in the other bucket.*) Aaaaah!
Renard	(*looking down*) C'est la vie! Au revoir, monsieur le gendarme. (*He looks at his newspaper cutting — it has brought him luck.*) Merci Brigitte!

Expressions

ça, c'est une femme!	*that's what I call a woman!*
miam! miam!	*yum! yum!*
dégustation gratuite	*free tasting (see note p. 15)*
au secours!	*help!*
zut!	*blast!*
à l'attaque!	*charge!*

L'Amour de la Vie – Résumé

'Une amitié sur la route' – 'A friend in need . . .'

Michel Rolland, a university student, has decided to abandon his studies and discover instead what life has to teach him. When **Michel's** father, a widowed doctor in *Avignon*, realises his son's intentions he refuses to support him any longer. **Michel** has nothing but the sympathy of **Yvette**, his father's new assistant, and a gift from **Dominique**, a girl he meets while hitchhiking, to help him on his way . . .

Radio

1*

Our interviewer Annick Magnet went round Dijon to see whether people really do recognise the famous. Under her arm, photographs of some celebrities, including a picture of Charles de Gaulle as a young man. She spoke first to a girl . . .

Annick	Voilà une photo. Qui c'est?
Une jeune fille	C'est Brigitte Bardot.
Annick	Et là? C'est qui?
Une jeune fille	C'est Charlie Chaplin.
Annick	Oui. Qui c'est, Charlie Chaplin?
Une jeune fille	C'est un acteur.
Annick	Oui. Et là, qui c'est?

Une jeune fille	Picasso.
Annick	Oui. C'est qui, Picasso ?
Une jeune fille	C'est un peintre.

2

Then she spoke to a man . . .

Annick	Pardon monsieur. Voici une photo. Qui c'est ?
Un homme	Brigitte Bardot.
Annick	Et là, c'est qui ?
Un homme	Charlie Chaplin.
Annick	Oui. C'est qui, Charlie Chaplin ?
Un homme	C'est un acteur . . . acteur comique.
Annick	Et là, qui est-ce ?
Un homme	Picasso.
Annick	C'est qui, Picasso ?
Un homme	C'est un peintre cubiste.

3

Sometimes, of course, people are wrong . . .

Annick	Bonjour mademoiselle. Sur cette photo, qui c'est ?
Une jeune fille	C'est le président de la République, Giscard d'Estaing.
Annick	Oui. Et là, c'est qui ?
Une jeune fille	Je ne sais pas. Catherine Deneuve peut-être ?
Annick	Non. Ce n'est pas Catherine Deneuve, mais c'est une actrice . . . et c'est une princesse aussi. Son prénom est Grace.
Une jeune fille	Peut-être Grace Kelly ?
Annick	Mm. Et là qui c'est ?
Une jeune fille	Le prince Charles, non ?
Annick	Non. Ce n'est pas le prince Charles.
Une jeune fille	Charles de Gaulle ?
Annick	C'est Charles de Gaulle. Merci beaucoup.

4*

And sometimes they need clues . . .

Annick	Et là, c'est qui ?
Une jeune fille	Je ne sais pas.
Annick	C'est une princesse. C'est une actrice aussi.
Une jeune fille	Oui? Monaco, non? La princesse . . . non!
Annick	Oui!
Une jeune fille	La princesse de Monaco.
Annick	Oui. Et là, c'est qui ?
Une jeune fille	Je ne sais pas.
Annick	C'est un couturier . . . français. Son prénom est Pierre.
Une jeune fille	Cardin !
Annick	Oui.

5

Annick	Et là, qui c'est ?
Un homme	C'est Pierre Cardin.
Annick	Qui c'est, Pierre Cardin ?

Un homme	C'est un couturier.
Annick	Et là, qui c'est?
Un homme	Mmm . . . Là, je ne sais pas.
Annick	C'est un Français. Son prénom est Charles.
Un homme	Alors, peut-être Charles de Gaulle.
Annick	Oui. Merci monsieur.

No

No

6*

Now a girl who tried them all . . .

Annick	Voilà une photo. Qui c'est?
Une jeune fille	C'est Brigitte Bardot.
Annick	Et là c'est qui?
Une jeune fille	C'est Charlie Chaplin.
Annick	Qui c'est, Charlie Chaplin?
Une jeune fille	C'est un acteur comique de cinéma.
Annick	Et là qui c'est?
Une jeune fille	C'est Pablo Picasso. C'est un peintre.
Annick	Français?
Une jeune fille	Espagnol.
Annick	Et là c'est qui?
Une jeune fille	C'est la princesse Grace Kelly de Monaco.
Annick	Et là c'est qui?
Une jeune fille	Ah. Je ne sais pas. C'est un couturier!
Annick	Oui.
Une jeune fille	C'est Louis Féraud?
Annick	Non. Mais c'est un couturier. Son prénom est Pierre.
Une jeune fille	Pierre Cardin!
Annick	Et là c'est qui?
Une jeune fille	Valéry Giscard d'Estaing.
Annick	Et là qui c'est?
Une jeune fille	Je ne sais pas.
Annick	C'est un Français. Son prénom est Charles.
Une jeune fille	Je ne sais pas du tout. Qui c'est?
Annick	C'est de Gaulle.
Une jeune fille	Oh!
Annick	Merci.

7

A quick general knowledge test for two eight year olds, Sandrine and Pascal.

Annick	Sandrine, qu'est-ce que c'est le camembert?
Sandrine	C'est un fromage.
Annick	Et le beaujolais?
Sandrine	C'est un vin.
Annick	C'est un vin. Et Bordeaux, qu'est-ce que c'est?
Pascal	C'est une ville.
Annick	C'est une ville. Et Paris, qu'est-ce que c'est?
Sandrine	C'est la capitale de la France.
Annick	C'est la capitale de la France. Et M. Valéry Giscard d'Estaing, qui c'est?
Pascal	C'est le président.
Annick	C'est le président de . . .?
Pascal	C'est le président de la France.

No

No

Annick	Oui. Et Charlie Chaplin, c'est qui?
Pascal	Je ne sais pas.
Annick	Charlot. (*a nickname for Charlie Chaplin.*)
Pascal	C'est un acteur.
Annick	Oui. Et Maurice Chevalier, c'est qui, Sandrine?
Sandrine	C'est un chanteur.
Annick	Oui. Et Charles Aznavour, c'est qui?
Pascal	Un chanteur aussi.
Annick	Merci. Au revoir Pascal, au revoir Sandrine.

Expressions

qui c'est/c'est qui?	*who is it?*
un acteur comique	*a comedian*
un peintre cubiste	*a cubist painter*
sur cette photo	*in this photo* (lit. *on*)
son prénom est . . .	*his/her christian name is . . .*
je ne sais pas du tout	*I've no idea; I don't know at all*

Explications

1

Questions and answers

To find out or say *who* someone is or *what* something is you use these forms:

PEOPLE	**Qui est-ce?**
THINGS	**Qu'est-ce que c'est?**

C'est	Sacha Distel
	Bordeaux

C'est Sacha Distel and **C'est Bordeaux** are statements. But you can turn them into questions by making the pitch of your voice rise at the end of the sentence:

C'est Sacha Distel? Oui, c'est Sachel Distel.
C'est Bordeaux? Non, c'est Lyon.

If you already know the name you can ask for more information by putting the question this way:

Qu'est-ce que c'est, Bordeaux? – C'est une ville.
Qui est-ce, Sacha Distel? – C'est un chanteur.

NB You will also hear **Qui c'est ?** and **C'est qui ?** They are both rather more informal than **Qui est-ce ?**

2

le/la – 'the' **un/une** – 'a'

C'est	**le**	président
	un	
	la	princesse
	une	

Le and **un** are used with males, **la** and **une** with females. However, gender is not limited to humans; *things* are divided into the same categories.

C'est	le	fromage
	un	
	la	question
	une	

It's best to learn **le/un** and **la/une** as if they were part of the word. When the word begins with a vowel, **le** and **la** become **l'**, e.g. **l'acteur, l'actrice.**

3

Je ne sais pas (I don't know) is negative because of the words **ne . . . pas** (or **n' . . . pas** before a vowel). They can be fitted into any sentence to make it negative:

C'est Brigitte Bardot?
Non, ce **n'**est **pas** Brigitte Bardot; c'est Edith Piaf.

Monsieur, Madame, Mademoiselle . . .

These titles are used all the time by people who don't know one another very well or at all – and very useful they are too if you have a bad memory for names. A word of warning about *madame* and *mademoiselle* – there is nothing corresponding to Ms in French, so if the woman looks older than 25, it's safer to call her *madame*; if she prefers *mademoiselle*, she'll tell you instantly. Similarly, with younger women, *mademoiselle* is safer if you can't spot a wedding ring. Play safe at first, then play it by ear.

Bonjour monsieur, bonsoir madame, au revoir mademoiselle . . .

To say 'Hello' the French generally use *bonjour* during the day and *bonsoir* in the evening, althought *bonjour* is often used in the evening as well. *Bonne nuit* really means 'have a good night's sleep', so it's only used when someone's about to go to bed. *Adieu* is a very dramatic farewell – the most common way of saying 'goodbye' at any time is *au revoir*.
It is usual, when joining a small group – even if you know nobody, for instance in a neighbourhood shop or a small café – to greet the company: *Bonjour mesdames* or *bonjour messieurs*. Usually this is shortened to *Bonjour messieurs-dames*; it's so automatic that people are liable to use it even if you're the only customer. Don't let it worry you . . .

Dégustation gratuite. This sign means that there is a free tasting of food or drink. You won't normally find it on wells or taps. . . . What you *should* watch out for where water is concerned is the sign *Eau non potable* – 'Not drinking water'. On station platforms and in some other public places you'll often find taps marked *eau potable* – there the water *is* safe to drink.

Un gendarme is a member of *la Gendarmerie Nationale*, and he belongs to the branch of the French police that looks after country districts. In a city he would be *un agent de police* — addressed as *monsieur l'agent*.

La carte d'identité. Every adult French citizen has an identity card with an official photograph and a signature. It is used as proof of identity in situations where the British have to hunt around for driving licences or pension books.

CHANGEMENTS DE DOMICILE

Le changement de domicile dont la déclaration n'est en aucun cas obligatoire, est mentionné sur demande faite au *Commissaire de police* ou, à défaut, au *Maire* du nouveau domicile.

Nouveau domicile :

Le   Le Commissaire de police
                                                    Le Maire

Nouveau domicile :

Le   Le Commissaire de police
                                                    Le Maire

RÉPUBLIQUE FRANÇAISE

PRÉFECTURE
DES PYRÉNÉES-ORIENTALES

CARTE NATIONALE
D'IDENTITÉ

Valable dix années à partir
de la date d'émission

N° 07352

EH64577

Exercices

1

Identify these pictures. Remember what to say if you don't know, otherwise use **C'est un** . . . or **C'est une** . . . : *carte d'identité, acteur, musicien, chanteur, gendarme, poule, poulet, princesse.*

2

Answer these questions about the pictures in exercise 1.
1 **C'est** une princesse? – Non, **ce n'est pas** une princesse, **c'est** une poule.
2 C'est un poulet?
3 C'est une carte d'identité?
4 C'est un acteur?
5 C'est un musicien?
6 C'est un chanteur?
7 C'est une poule?
8 C'est un gendarme?

3

You're stopped by Annick Magnet and asked to identify the pictures above. Start your answer with **oui** or **non**.
1 C'est Brigitte Bardot? – Oui, **c'est** Brigitte Bardot.
2 C'est Brigitte Bardot? – Non, **ce n'est pas** Brigitte Bardot, **c'est** . . .
3 C'est le prince Charles?
4 C'est Charlie Chaplin?
5 C'est Pablo Picasso?
6 C'est Grace Kelly?
7 C'est Napoléon?
8 C'est Charles de Gaulle?

4

This time we've given you the answers; you ask the appropriate question using **Qui est-ce?** or **Qu'est-ce que c'est?**
1 .... C'est un fromage.
2 .... C'est Edith Piaf.
3 .... C'est le président de la République.
4 .... C'est un poulet.
5 .... C'est une carte d'identité.
6 .... C'est Pablo Picasso.
7 .... C'est mademoiselle Descartes.

8	....	C'est une question de musique.
9	....	C'est la princesse de Monaco.
10	....	C'est une photo.

5
Hallo and goodbye!

Use the correct greeting or farewell with the appropriate form of address: *monsieur, messieurs, madame, mesdames, mademoiselle.*

1 It's 8.30 a.m. and you're on your way out for the day. In the lift you meet the old lady who lives upstairs.
2 You walk into a shop just before lunch. The middle-aged female assistant is serving two old ladies. Greet them.
3 As you're being served a man comes in. He greets you all. What do *you* say to *him*?
4 The two ladies have gone. The man is still to be served. Say goodbye to him and the assistant as you leave.
5 Two men in the street have just directed you to a restaurant. Say goodbye and thank them.
6 On your way home you stop to buy some tobacco. Say goodnight to the young girl who regularly serves you. (You know she's single)
7 On the way up in the lift you meet this morning's old lady again. Wish her a good evening.

deux 2 Getting to know you

Question . . .	. . . Answer
Comment vous appelez-vous? *What's your name?*	**Je m'appelle . . .** *I'm called . . .*

More information	
Je suis . . . *I am . . .*	**Il est . . .** *He is . . .*
Vous êtes . . . *You are . . .*	**Elle est . . .** *She is . . .*

Télévision

On a frosty morning, Victor, a young man, on a bicycle, skids at a crossroads and crashes. Paulette hears the noise.

Paulette Mon Dieu! Qu'est-ce que c'est? Oh, c'est un accident . . . c'est un jeune homme . . . il est blessé! (*Rushes to Victor*) Vous êtes blessé?

Victor Oui, je suis blessé . . . là . . . là . . . et là.

Paulette Vite, un docteur! (*Stops a passer-by*) Vous êtes docteur? (*The passer-by shakes his head and hurries away.*) C'est terrible! Il est blessé! Vite, une ambulance! (*She rushes off to telephone.*)

Later an ambulance arrives.

Paulette (*shouting*) Par ici! Vite! Il est blessé! *Two stretcher-bearers and a beautiful nurse, Jeanine, arrive.*

Jeanine Qu'est-ce que c'est?

Paulette C'est un accident! C'est un accident!

Jeanine Oui, oui. Qui est-ce?

Paulette Je ne sais pas.

Victor Je m'appelle . . . je m'appelle . . . Lebrun . . . Victor . . . (*Faints*)

Paulette Il est blessé! C'est grave?

Jeanine Je ne sais pas encore! (*Starts to examine Victor*)

Paulette (*scornfully*) Vous êtes infirmière, oui ou non?

Jeanine Je suis infirmière. Je ne suis pas sorcière. (*to stretcher-bearers*) C'est grave. Vite à l'hôpital!

Inside the ambulance.

Jeanine Ça va? (*Victor groans*) Oh, mon Dieu, il est mort! (*She gives him the kiss of life.*)

19

On arrival at the hospital, the driver, le conducteur, *opens the back door.*

Le conducteur	Alors, il est mort ?
	There is a long silence. At last the nurse turns round and smiles.
Jeanine	Non, non, il n'est pas mort. Il est vivant. Il est bien vivant !

Expressions

mon Dieu !	*good heavens !*
par ici !	*over here !*
je m'appelle . . .	*my name is . . .*
je ne suis pas sorcière	*I'm not a magician*
il est bien vivant	*he's very much alive*

Télévision

Les Aventures de Renard

Moi je suis philosophe et artiste

A village dance with a sign 'Entrée 10 francs'. Renard can only find a few centimes.

Renard	(*to himself*) C'est cher! Et je ne suis pas riche. (*He climbs over the wall and spies a pretty girl sitting with her parents. The mother,* la mère *notices him.*)
La mère	(*to herself*) Il est charmant !
	Renard looks at the daughter, Béatrice.
Renard	(*to himself*) Elle est charmante !
	Renard dances with Béatrice.
Renard	Vous êtes d'ici ?
Béatrice	(*haughtily*) Oh non ! Je suis de Paris. Papa est diplomate.
Renard	(*to himself*) Hum ! Hum ! Une petite fille de bonne famille! Et riche! (*to Béatrice*) Vous êtes en vacances?
Béatrice	Oui. Je suis en vacances.
Renard	Comment vous appelez-vous ?
Béatrice	Je m'appelle Béatrice.
	Renard dances closer.
Renard	Vous êtes très élégante Béatrice.
	Her parents begin to look upset.
Renard	(*to himself*) Hum ! Hum ! Monsieur n'est pas content. Madame est furieuse.
Béatrice	Je suis étudiante. Et vous?
Renard	Oh ! Moi, je suis philosophe et artiste.
Béatrice	(*to herself*) Un artiste ! Alors il n'est pas riche.
Renard	Béatrice, je suis très amoureux !
Béatrice	(*to herself*) Hou ! Il n'est pas timide !
Renard	(*to himself*) Zut ! Elle n'est pas facile.
	Later near the bar.
Renard	Un whisky ?
Béatrice	Non! Un jus d'orange, s'il vous plaît.
Renard	Un moment. (*He goes to the bar and returns with the drinks and a flower. Béatrice is enthusiastically dancing with a handsome army officer.*)
Renard	(*to himself*) Et maintenant monsieur est heureux et madame est contente. Béatrice, vous n'êtes pas gentille!

	A hand takes the flower and the glass of whisky. It's Béatrice's mother.
La mère	Merci! (*to herself*) Il est galant. Un mari, certainement pas! Mais un amant...? *She drags Renard on to the dance-floor.*

Expressions

en vacances	*on holiday*
comment vous appelez-vous?	*what's your name?*
vous êtes d'ici?	*do you come from around here?*
elle n'est pas facile	*she's no push-over* (lit. *she's not easy*)

L'Amour de la Vie — Résumé

'La liberté, est-ce le travail?' — 'Work is a four-letter word'
Michel visits his sister **Marie-Paule** near *Marseille*. She is
happily married to a budding engineering executive **Jean-Pierre**,
who takes **Michel** on a guided tour of the factory where he works
to persuade him of the virtues of a career in industry. **Michel** remains
unimpressed, not least by the frenetic behaviour of **Perdrizot**, the
factory manager, who concludes that **Michel** must be mad to
reject this chance of employment. **Michel**, on the contrary, is
relieved to have escaped such a prison-like existence...

Radio

1
*Annick Magnet asked another man to identify photos of the famous.
But this time she wanted more information.*

Annick	Voici une photo. C'est qui?
Un homme	C'est Brigitte Bardot.
Annick	Et là, qui c'est?
Un homme	C'est Charlie Chaplin.
Annick	Qui c'est, Charlie Chaplin?
Un homme	Charlot!
Annick	Oui. Qui c'est, Charlot?
Un homme	C'est un acteur de cinéma.
Annick	Il est français?
Un homme	Il est anglais, non?
Annick	Et là c'est qui?
Un homme	C'est Picasso.
Annick	Oui, c'est qui, Picasso?
Un homme	C'est un peintre.
Annick	Français?
Un homme	Il est espagnol.
Annick	Et là, qui c'est?
Un homme	Je ne sais pas.
Annick	C'est une princesse... et c'est une actrice aussi.
Un homme	C'est Marthe Keller, non? Non! C'est Grace Kelly!
Annick	Oui. Et là, qui c'est?
Un homme	C'est... Pierre Cardin!
Annick	Oui. Et là, qui c'est?
Un homme	C'est monsieur Valéry Giscard d'Estaing.
Annick	Et là, c'est qui?
Un homme	Je ne sais pas.

Annick	C'est un Français. C'est un chanteur.
Un homme	C'est un chanteur, oui.
Annick	Son prénom est Maurice.
Un homme	C'est Maurice Chevalier.
Annick	Et là, qui est-ce?
Un homme	C'est le Prince Charles.
Annick	Vous êtes sûr? (*She gives a clue*) Il est français.
Un homme	C'est . . . Charles de Gaulle.
Annick	Merci beaucoup, monsieur.

Des Français typiques . . . ?

2

How do the French see themselves? Annick asked people to describe the stereotype 'typical Frenchman' and 'typical Frenchwoman', starting with a woman's view on the French male.

Annick	Il est grand? Il est petit?
Une femme	Il est moyen.
Annick	Il est moyen. Il est galant?
Une femme	Pas trop!
Annick	Gourmet?

Une femme	Oui, beaucoup!
Annick	Egoïste?
Une femme	Un peu.
Annick	Spirituel?
Une femme	Non.
Annick	Et la Française typique, elle est comment?
Une femme	Elle est coquette. Pas égoïste. (*Laughs*)
Annick	Bonne mère de famille?
Une femme	Oui, oui. Très bonne mère de famille.
Annick	Pratique?
Une femme	Oui, oui.
Annick	Elégante?
Une femme	Elégante.
Annick	Très elégante?
Une femme	Pas très élégante parce que tout est très cher.
Annick	Et vous, vous êtes une Française typique?
Une femme	Je pense.
Annick	Vous êtes mariée?
Une femme	Oui.
Annick	Vous êtes de Dijon?
Une femme	Oui.
Annick	Bon. Eh bien, merci madame.

3*

Now a man's point of view — about men first of all.

Un homme	D'abord les défauts. Il est individualiste, indiscipliné, et bruyant. Ensuite pour les qualités, il est spirituel et relativement galant.
Annick	Il est bon mari?
Un homme	Je suis célibataire.
Annick	Mais le Français en général?
Un homme	Oh, je ne sais pas.
Annick	Et est-ce qu'il est gourmet?
Un homme	Oui certainement.
Annick	La Française typique maintenant. Elle est comment?
Un homme	Euh . . . elle est charmante, jolie . . . élégante surtout.
Annick	Elégante. Très élégante?
Un homme	Oui, je pense.
Annick	Est-elle pratique?
Un homme	Certainement, oui.
Annick	Bonne mère de famille?
Un homme	Je pense.
Annick	Eh bien, merci beaucoup.

4*

A woman speaks her mind on the French character.

Une femme	Il est très indiscipliné.
Annick	Il est gourmet?
Une femme	Oui.
Annick	Bon mari?
Une femme	En général, oui.
Annick	Et la Française typique? Elle est comment?
Une femme	La Française typique est une femme assez simple,

	responsable, active, elle est en général élégante.
Annick	Elle est coquette ?
Une femme	Oui, elle est coquette.
Annick	Et vous, vous êtes une Française typique ?
Une femme	Oui.
Annick	Vous êtes mariée, célibataire ?
Une femme	Je suis mariée.
Annick	Et vous êtes de Dijon ?
Une femme	Non, je ne suis pas de Dijon. Je suis parisienne.
Annick	Merci beaucoup madame.

5

Jean Maisonnave soon found out that some people don't like being stopped in the streets by strange men with microphones.

Jean	Pardon madame. Vous êtes de Dijon ?
Une femme	Non monsieur. Je ne suis pas de Dijon. Je suis de Beyrouth.
Jean	Vous êtes libanaise ?
Une femme	Oui, je suis libanaise. Excusez-moi, monsieur, je suis pressée.
Jean	Oh, excusez-nous. Bonsoir madame.

Expressions

pas trop	*not that much*
elle est comment ?	*what's she like?*
tout est très cher	*everything is very expensive*
je pense	*I think so*
d'abord les défauts	*first of all the faults*
ensuite pour les qualités	*now for the good points*
excusez-moi	*excuse me*
excusez-nous	*excuse us*

Explications

1

How to give and obtain personal information

a) about yourself

je m'appelle	Béatrice	I'm called . . .

je suis	dentiste riche de Dijon une personne timide	I am . . .

b) about the person you're talking to

vous êtes	Dominique infirmière riche de Paris une personne intelligente	you are . . .

24

c) about someone else

il/elle est	dentiste riche de Paris	he/she is ...

c'est	Dominique une personne sympathique une actrice	he/she is ...

2
Professions

There are two ways of saying what nationality someone is:

Il est français	*he is French*
Elle est française	*she is French*

or

C'est un Français	*he's a Frenchman*
C'est une Française	*she's a Frenchwoman*

Similarly, when saying what someone's profession is, omit **un** or **une** after **il est** or **elle est**.

Il est architecte   *or* C'est un architecte
Elle est infirmière *or* C'est une infirmière

And notice the absence of the word for 'a' in the following:

Je suis musicien
Vous êtes infirmière
Pierre est philosophe

3
Description

To ask what someone is like use **il/elle est comment?**
Just as people and things have gender, so do the words that describe them.

Monsieur Lenoir est	français charmant
Madame Lenoir est	française charmante

Le beaujolais est **un** vin français   Bordeaux est **une** ville française

The most common way of indicating gender is to add an -**e** as above.

If the describing word (adjective) already ends in -**e** there is no change.

Monsieur Madame	est	timide riche

Adjectives ending -**eux** change their ending to -**euse**.

| Monsieur Lenoir est | amour**eux** |
| | heur**eux** |

| Madame Lenoir est | amour**euse** |
| | heur**euse** |

For other types of endings see p. 144.

NB Many professions and occupations have separate forms for males and females.
il est étudiant   **elle** est étudiant**e**

A propos . . .

Mon Dieu! is, after *Oh! la-la!,* probably the most stereotyped 'stage French' expression. Unlike most *clichés* of this kind, however, it really *is* used in everyday speech. It's a mild exclamation, without blasphemous overtones, used to express surprise or concern.

Monsieur est heureux et madame est contente.

Apart from their use as forms of direct address, you will often hear *Monsieur, Madame* and *Mademoiselle* used in cafés, restaurants and shops without *vous.* E.g. *'Et pour madame?'* is just as common as *'Et pour vous, madame?'* The style can also be used ironically: Renard is probably not overwhelmed with respect for Béatrice's family.

Le bal

Nowadays *un bal* is usually a special occasion, for charity or the 14th July. But in the last century, *un bal* was also a permanent dance hall. Some became famous through their associations with artists — without Toulouse-Lautrec, how many of us would have heard of *le Bal du Moulin Rouge*? Nowadays, though, the places people go to dance are more likely to be called *le dancing* or *le club*, except in the country, where the village hop will still be called *le bal* or *le bal du samedi soir* (the Saturday night dance) — unless, of course, it's on another day.

Exercices

1

Are they French? Answer **Oui, X. est français/française.**
Or **Non, X. n'est pas français/française.**

1 Jeanne d'Arc?
2 Gréta Garbo?
3 Louis XIV?
4 Louis Pasteur?
5 Ingmar Bergman
6 Victor Hugo?
7 Madame de Pompadour?
8 Charles Aznavour?
9 Marlène Dietrich?
10 L'inspecteur Maigret?

2

The police are checking up at the local hotel on which town people come from. You have to tell them. (It's shown in brackets.)
M. Solive est de Paris? (Marseille) — Non, **il n'est pas** de Paris, **il est** de Marseille.

1 Mlle Flour est de Versailles? (Versailles)
2 M. Poupon est de Brest? (Dijon)
3 Mme Petit est d'Orange? (Toulouse)
4 Mlle Bresse est de Toulon? (Toulon)
5 M. Jeanson est de Bordeaux? (Lille)
6 Mme Capelle est d'Alençon? (Alençon)
7 M. Rameau est de Nantes? (Lyon)
8 Mlle Gauthier est de Nice? (Orléans)
9 M. Lantier est de Rennes? (Cherbourg)
10 Et vous, vous êtes de Paris? (?)

3
What do they do? The pictures tell you.
*architecte, artiste, étudiant, étudiante, infirmière, musicien,
sorcière.*

1 Monsieur Fauxpas est diplomate.

2 Mademoiselle Bonsoins . . .

3 Monsieur Pinceau . . .

4 Mademoiselle Bûche . . .

5 Monsieur Béton . . .

6 Madame Charme . . .

7  Monsieur Potasse . . .

8 Monsieur Bémol . . .

4
Opposites attract one another . . . Compare and contrast!
  Madame Allier est **élégante**. Et monsieur Béthune?
  Monsieur Béthune n'est pas **élégant**.
1 Monsieur Charrier est intelligent. Et madame Dufour?
2 Mademoiselle Espinasse est charmante. Et monsieur Frappier?
3 Monsieur Grappin est amoureux. Et mademoiselle Hennebique?
4 Madame Illiers est contente. Et monsieur Jérôme?
5 Louis XIV est mort. Et madame Martin?
6 Mademoiselle Nana est furieuse. Et monsieur Oscar?
7 Monsieur Pothier est galant. Et madame Quentin?
8 Mademoiselle Rose est heureuse. Et monsieur Séguy?
9 Monsieur Thiers est bruyant. Et madame Valentin?

5
You are an out of work Liverpudlian philosopher on honeymoon
in Paris. Your name is Bernard. Answer the questions.
1 Comment vous appelez-vous?
2 Vous êtes de Paris?
3 Ah! vous êtes anglais?
4 Vous êtes marié, célibataire?
5 Vous êtes artiste?
6 Alors, vous n'êtes pas riche?

6
You are an English diplomat from Manchester on leave in Monte
Carlo, to visit your fiancée. Your name is Martin.
1 Vous êtes français?
2 Ah! Vous êtes de Londres?
3 Et vous êtes en vacances à Monte Carlo?
4 Vous êtes marié?
5 Comment vous appelez-vous?

trois
3
What's available and where is it?

Il y a	un...	par ici ?
	une...	

Is there a . . . near here ?

Où	est	le... ?
		la... ?
	sont les... ?	

Where is/are the . . . ?

Télévision

A street. A suspicious-looking man, Paul, approaches a policeman, l'agent.

Paul	Pardon, monsieur l'agent, il y a une banque par ici ?
L'agent	Oui, monsieur, le Crédit Lyonnais.
Paul	C'est loin ?
L'agent	Mais non, monsieur. C'est tout près.
Paul	Oui ?
L'agent	Oui, c'est là-bas.
Paul	Merci, monsieur l'agent. Au revoir, monsieur l'agent.
L'agent	(*to himself*) Charmant garçon !

Inside the bank.

Paul	(*to clerk*) Où est la caisse, s'il vous plaît ?
	The clerk points without looking up. The same thing happens with two other clerks. Finally Paul arrives in front of the girl cashier, Pierrette.
Paul	Pardon, mademoiselle, c'est bien ici la caisse ?
Pierrette	C'est ici. Vous désirez ?
Paul	L'argent. Vous avez l'argent ? (*She hesitates*) Où est l'argent ?
Pierrette	Le voici.
Paul	(*producing gun and bag*) C'est un hold-up ! Vite, l'argent, dans le sac !
Pierrette	(*used to this kind of thing*) Bon, bon. Ça va.
	She fills the bag with money and hands it back to him.
Pierrette	Voilà l'argent, monsieur. Ça va ?
Paul	(*finding the bag too heavy*) Non, ça ne va pas !
Pierrette	Un moment ! (*Removes some money*) Ça va maintenant ?
Paul	Ah, oui, ça va mieux. Merci. Où est la sortie, s'il vous plaît ?
Pierrette	Par là, monsieur.
Paul	Il y a un arrêt d'autobus par ici ?
Pierrette	Oui.

Paul	C'est loin ?
Pierrette	Non, c'est tout près. C'est près de la gare.
Paul	(*puzzled*) Près de la gare ? Il y a une gare dans le quartier ?
Pierrette	Eh bien, oui. (*Points to a map*) Ici c'est la banque. Rue Pasteur.
Paul	(*surprised*) Rue Pasteur ? Vous êtes sûre ?
Pierrette	Mais oui, je suis sûre.
Paul	Ah bon !
Pierrette	Oui. Ici il y a la place Voltaire, et voilà la gare.
Paul	Mais . . . et la cathédrale, où est la cathédrale ?
Pierrette	Il n'y a pas de cathédrale ici, monsieur.
Paul	Zut alors ! Pas de cathédrale ! Alors ce n'est pas Chartres ! *Paul leaves without the money.*

Expressions

il y a une banque par ici ?	*is there a bank near here ?*
vous désirez ?	*what would you like ?*
bon, bon	*all right, all right*
ça va	*all right*
ça va mieux	*that's better*
par là	*over there*
ah bon !	*oh really!*

Télévision

Les Aventures de Renard

A quiet Sunday afternoon. Renard stops in front of a well-kept cottage attended by M. Grimbert, the badger.

Renard	Excusez-moi, monsieur, il y a un hôtel par ici ?
M. Grimbert	Non, monsieur, il n'y a pas d'hôtel.
Renard	Pas d'hôtel !
M. Grimbert	Ici c'est un petit village. C'est calme ! *A sudden outbreak of noise from the village.*
Woman's voice	Au secours ! Au secours !
M. Grimbert	(*looking through his binoculars sees two thieves trying to rob madame Simone.*) Ce n'est pas possible ! Regardez ! *In the square. Simone's husband, Georges, tries to help.*
Georges	Courage Simone ! J'arrive ! *In the fight Simone is laid out. A crowd gathers.*
Various voices	Elle est morte? . . . Elle est blessée? . . . Où est le téléphone? . . . Il est cassé. . . . Où est le docteur? . . . En vacances . . .
Simone	(*coming to*) Oh ! Oh ! Où est mon sac ?
Georges	Où sont les voleurs ? *The thieves have taken refuge on the town hall roof.*
Renard	Regardez, les voilà, sur la mairie ! *The fire-brigade arrives.*
Voices	Voilà les pompiers ! Les voilà ! Enfin ! *But the ladders are too short.*
Fireman	C'est impossible ! *The hoses don't work.*

Excusez-moi, monsieur, il y a un hôtel par ici?

Fireman	Catastrophe! Il n'y a pas d'eau.
	Renard takes charge.
Renard	Attendez! (*He takes some eggs from a woman's basket and throws them at the thieves. He misses. The thieves laugh derisively, and in their mirth drop Simone's handbag. Renard picks it up and returns it to Simone.*) Et voilà madame.
	He is congratulated by the crowd. A woman suddenly realises her purse is missing.
Woman	Où est mon porte-monnaie?
	A boy points to Renard's back pocket.
Boy	Le voilà!
Renard	Quelle coïncidence! Voici madame. (*Hands it over.*)

Expressions

regardez!	*look!*
j'arrive!	*I'm coming!*
les voilà	*there they are*
attendez!	*wait a minute!*
où est mon sac?	*where's my bag?*
quelle coïncidence!	*what a coincidence!*

L'Amour de la Vie — Résumé

'Cover girl et pommes chips' — 'Kisses with everything'
Hitchhiking at a petrol station, **Michel** is picked up by a flamboyant couple — **Renaud**, a trendy photographer, and **Nathalie**, a vivacious cover girl. **Renaud's** wrath at having to pay through the nose for a plastic picnic beside *Le Pont du Gard* is further aggravated when his assistant lets him down. **Nathalie** is quick to propose **Michel** for the job, and **Renaud** agrees reluctantly — as well as being mean, he is very jealous . . .

Radio

1*
Jean Maisonnave went out to get his bearings in Dijon. So he had to ask passers-by for some directions. First of all he wanted to find a supermarket — un supermarché

Jean	Pardon madame, est-ce qu'il y a un supermarché dans le quartier s'il vous plaît?
Une femme	Ah, non! Il n'y a pas de supermarché dans le centre de la ville mais à l'extérieur de la ville.
Jean	Alors, est-ce qu'il y a une épicerie par ici?
Une femme	Ah oui. Vous avez une petite épicerie juste en face.
Jean	Très bien, merci madame.

2
Next he wanted a chemist's — une pharmacie

Jean	Pardon, monsieur, est-ce qu'il y a une pharmacie près d'ici s'il vous plaît?
Un homme	Oui, il y a une pharmacie avenue Maréchal Foch.
Jean	Ah bon! (*shows him a map*) C'est où sur le plan, s'il vous plaît?
Un homme	(*Pointing on the map*) Juste là, à côté de la gare.

Jean	C'est loin d'ici?
Un homme	Oh! A peu près cinq minutes à pied.
Jean	Ah bon! Merci monsieur.

3*

Now for the department stores — les grands magasins

Jean	Pardon, madame, où sont les grands magasins s'il vous plaît?
Une femme	Les grands magasins sont rue de la Liberté.
Jean	C'est loin d'ici?
Une femme	Non, non. C'est au centre ville — deux minutes à pied.
Jean	Merci bien, madame.

4*

Meanwhile Annick Magnet was trying to find out more about Dijon in the local Syndicat d'Initiative. *Fortunately she found a very helpful receptionist* — l'hôtesse.

Annick	Bonjour madame.
L'hôtesse	Bonjour madame.
Annick	Vous avez un plan de Dijon s'il vous plaît?
L'hôtesse	Voici un plan de Dijon, madame.
Annick	Merci. Et une carte de la région aussi, s'il vous plaît.
L'hôtesse	Voici la carte de la Bourgogne.
Annick	Oui. Vous avez une liste des hôtels?
L'hôtesse	Pour Dijon ou pour la Bourgogne?
Annick	Les deux s'il vous plaît.
L'hôtesse	Oui, voici.
Annick	Merci. (*opens map*) Sur le plan là, où est le Palais des Ducs s'il vous plaît?
L'hôtesse	Voici le Palais des Ducs, place de la Libération.
Annick	Et le Musée des Beaux-Arts?
L'hôtesse	Le Musée des Beaux-Arts est dans le Palais des Ducs, madame.
Annick	Est-ce qu'il y a un garage dans le centre de la ville s'il vous plaît?
L'hôtesse	Oui madame, vous avez un garage place Grangier, face à la poste.
Annick	Merci. Où sont les grands magasins à Dijon?
L'hôtesse	Dans la rue de la Liberté madame.
Annick	(*Points to map*) C'est juste là?
L'hôtesse	Oui, madame, c'est là.
Annick	Et est-ce qu'il y a un terrain de camping à Dijon?
L'hôtesse	Vous avez un terrain de camping sur la route de Paris, ou bien sur la route de Troyes à trente (30) kilomètres de Dijon.
Annick	Eh bien, merci madame.
L'hôtesse	Je vous en prie madame. Bon séjour à Dijon.
Annick	Merci madame.
L'hôtesse	Au revoir madame.

Expressions

est-ce qu'il y a?	*is there?*
à l'extérieur de la ville	*outside town*
à peu près	*roughly*
c'est loin d'ici?	*is it far from here?*
deux/cinq minutes à pied	*two/five minutes' walk*
les deux	*both*
sur la route de Paris	*on the Paris road*
ou bien	*or else*
à 30 kilomètres de Dijon	*30 kilometres from Dijon*
bon séjour à Dijon	*have a nice stay in Dijon*

Explications

1
Availability

To find out if something is available, use **il y a . . . ?** or **est-ce qu'il y a . . . ?** *is there . . . ?*

Il y a **Est-ce qu'il y a**	un café par ici?

If there *is* one the answer will be:

Oui, **il y a** un café par ici.

If there *isn't* the answer will be:

Non, **il n'y a pas de** café par ici.

Il y a also means 'there are'.

Il y a deux cafés par ici.

When you want to *obtain* something use **vous avez . . . ?** *have you got . . . ?*

Vous avez	un plan de Dijon, s'il vous plaît? l'argent?

Vous avez (*you've got*) is often used as a substitute for **il y a.**
Il y a un garage par ici?
Oui, **vous avez** un garage place Grangier.

2
Locations

To ask where something is, use **où est . . . ?** *where is . . . ?* or
où sont . . . ? *where are . . . ?*

Où est la cathédrale?
Où sont les grands magasins?

In the answer to your question you could be given various kinds of information.
a) what street something is in:
Où sont les grands magasins?

| Les grands magasins sont | rue de la Liberté. |
| | dans la rue de la Liberté. |

(with street names *dans* (in) is optional)

b) where it is in relation to something else:

Où est le Musée des Beaux-Arts? — **Dans** le Palais des Ducs. (*in*)
Où est le Palais des Ducs? — **Près de** la place St. Michel. (*near*)
Où est la place St. Michel? — **A côté de** la gare. (*next to*)

c) The general direction:

par ici — *this way; over here*
par là — *that way; over there*
you can ask how far it is by using **loin**

La gare est **loin?** — Non, elle est	**tout près**. (*very near*)
	tout près d'ici. (*very near here*)
	à deux minutes à pied. (*two minutes walk*)

3
Pointing things out.

The words **voici** and **voilà** are used when people are handing things to you or when they are pointing things out; they correspond to *here is/are; there is/are*
For example:

voici/voilà un plan de Dijon. (*The receptionist is handing it to you.*)
voici le Palais des Ducs. (*She's pointing to it on the map.*)
voilà le Palais des Ducs. (*She's pointing at it through the window.*)

For *here it is, there they are* etc., put **le**, **la** or **les** in front of **voici** or **voilà**.

Où est **le** plan? — **Le** voici.
Où est **la** cathédrale? — **La** voilà.
Où sont **les** grands magasins? — **Les** voilà.

4
Singular and plural.

The commonest way to show the plural is to add an *s* (which usually isn't pronounced):

un café   deux cafés
un petit café noir   deux petits cafés noirs

Le, la and **l'** all become **les**

le plan		plans
la banque	**les**	banques
l'épicerie		épiceries

(The **s** of **les** is pronounced like z before a vowel)

The form of the verb changes, too:
l'infirmière **est** charmante — **les** infirmières **sont** charmantes.

5
Thanks

When someone thanks you in French (*merci; merci bien; merci beaucoup*) it is normal to say 'don't mention it'.

Je vous en prie
De rien

A propos . . .

Ça va ? Ça va ! This must be one of the most frequently used expressions in the French language. It can be a question or a statement, and it has a wide range of meanings depending on the context.
Here are a few examples:
Bonjour, ça va ? (Hallo ! All right ?)
Ça va, merci. (All right, thanks.)
It can apply to almost anything:
L'hôtel, ça va ? (Is the hotel all right ?)
Et Paul, ça va ? (Is Paul all right ?)
Basically, if you say *ça va*, things are all right; if *ça ne va pas*, something is wrong, if *ça va mieux*, things are improving.

le centre ville. You'll see this on road signs indicating the way to the centre of towns, even small ones – sometimes you're still looking for the *centre ville* after you've driven straight through it. Another sign you'll see is *toutes directions* which means 'all other routes'.

la Mairie

La Mairie is the most local seat of local government. There is one in every *commune* (the smallest administrative sub-division), and in big cities, in every *arrondissement*. Depending on the size and wealth of the community, *la mairie* may be an impressive *Hôtel de Ville* (town hall) or it may be the front room of the mayor's house. Two things don't change, though: the tricolor flag hoisted outside on special occasions, and the portrait or bust of Marianne – the spirit of the Republic.

La mairie, Antony
(Hauts-de-Seine)

la banque

In the dictionary a bank is *une banque*, but the word *banque* doesn't always figure in the names of French banks. Three of the biggest are called *Le Crédit Lyonnais, Le Crédit Agricole* and *La Société Générale*.
There are other differences, compared with British banks: the main banks are state-owned, and even the lay-out of a typical branch is different. Whereas in Britain all your business is transacted at the teller's window, in France you usually see to the paper work with the clerk (*l'employé*) at his window then move to the cash desk (*la caisse*), which is where actual money changes hands. Sometimes this leads to queueing, but as most French banks stay open longer than British banks, this is not a matter of life and death. In any case, many large banks have special counters for foreign exchange, *change*.

et les pompiers

For some reason, firemen in France have a special place in people's minds, not simply because of the glamour of fire-fighting and rescue. They are considered, sometimes ironically, the embodiment of civic pride. Oddly enough, the more overblown products of late nineteenth century decorative arts are often labelled as *le style pompier. Maybe* this stems from the unfortunate resemblance between the words *pompier, pompe, pompeux* and *pomposité*. Meanwhile, be kind to *les pompiers* – you may need them some day.

Le Syndicat d'Initiative. In most towns and virtually all tourist centres you'll find *un Syndicat d'Initiative*, usually near the railway station or, if there are no trains, near the main bus stop or in *la Mairie*. It's basically an official tourist office, so it's the place to go for information. The young girls behind the counter will be able to help and advise if you have a precise problem – if you're looking for a garage that can repair your make of car, or if you've lost your passport. But for the most part *les hôtesses* are there to give out tourist maps and lists of hotels. Sometimes they also sell bus and train tickets, reservations for coach tours and tickets for local concerts etc. It's also quite a useful landmark: if you have to meet someone and don't know the town, you can always suggest *devant le Syndicat d'Initiative*.

Le Palais des Ducs

The dukes referred to are the four Ducs Valois, who ruled Burgundy and Flanders as a separate state from 1363–1477. Naturally their palace was in the capital, Dijon, which became one of the centres of European art and civilisation in the 15th century. Nowadays the *Palais des Ducs* houses the tombs of the dukes, a museum and one of the finest art galleries in France – as well as *la mairie*.

Exercices

1

You've just arrived in town and don't know your way around. So you have to ask what's available.

You want to see a film. – **Pardon, il y a un cinéma par ici?**

1 you need to change some travellers' cheques . . .
2 you want a bed for the night . . .
3 your car needs to be repaired . . .
4 you want some aspirin . . .
5 you want to pitch your tent . . .
6 you need some groceries . . .
7 you want to go to a supermarket . . .
8 you want to find a department store . . .

2

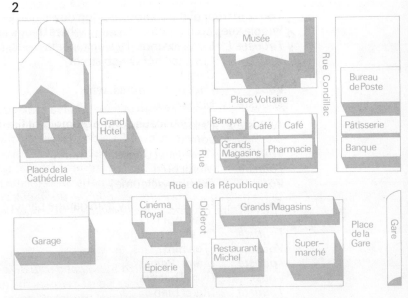

Tell the visitor what street to go to.

Où est le Grand Hôtel? – Le Grand Hôtel **est** rue de la République.

Il y a un bureau de Poste par ici ? – Oui. **Il y a** un bureau de Poste rue Condillac.

1 Où est le garage?
2 Il y a une épicerie par ici?
3 Où sont les grands magasins?
4 Il y a un restaurant par ici?
5 Où est le musée?
6 Il y a une pâtisserie par ici?
7 Il y a un supermarché par ici?
8 Où sont les cafés?

Now you're the visitor. What question did you ask to get these answers:

1	..................?	Oui, il y a un restaurant rue Diderot.
2	..................?	Oui, il y a une pâtisserie rue Condillac.
3	..................?	Le musée est place Voltaire.
4	..................?	Non, ce n'est pas loin.
5	..................?	Les cafés sont place Voltaire.
6	..................?	Oui, il y a un supermarché place de la Gare.
7	..................?	Non, il n'y a pas de pharmacie par ici.

3

We wanted to give you practice in taking part in a 'French conversation', and so a number of exercises from now on will be of the type that follows.
The English in brackets gives you the clue as to what *you* have to say to the other person. You do not do a direct translation.
(e.g. if the English says 'Ask him his name' you would say in French **'Comment vous appelez-vous?'**). It might help to think of the English 'clues' as a third person whispering in your ear and telling you what to say.

You're in front of the station, looking down rue de la République. People keep coming up and asking where things are!

Touriste 1 Excusez-moi, il y a un cinéma par ici?
Vous (Yes, tell her which street)
Touriste C'est loin?
Vous (No: two minutes' walk)
Touriste Merci bien.

Touriste 2 Pardon, il y a un supermarché dans le quartier, s'il vous plaît?
Vous (Yes – just opposite – there)
Touriste Merci bien.
Vous (You're welcome)

Touriste 3 Excusez-moi, il y a un garage par ici?
Vous (Yes, not far)
Touriste Où est le garage?
Vous (Tell him)
Touriste Merci. Par ici?
Vous (No. That way)
Touriste Merci bien.

4

You're lost . . . so you ask a lady passing by
Vous (Excuse me madam, is there a chemist's shop near here?)

La femme	Mais oui, rue Diderot, devant la banque.
Vous	(Is it far?)
La femme	Mais non, c'est à cinq minutes à pied.
Vous	(Thank you – that way?)
La femme	Oui, c'est par là.
Vous	(Thanks, goodbye)
La femme	Au revoir.

It's 9 o'clock and you still haven't found a hotel room. So you stop a young girl.

Vous	(Excuse me miss, is there a hotel nearby?)
La fille	Mais oui, vous avez un hôtel rue de la République.
Vous	(Is it far?)
La fille	Non, ce n'est pas loin.
Vous	(Where is the rue de la République?)
La fille	Par là, à deux minutes à pied.
Vous	(Good; thanks; goodbye)
La fille	Au revoir.

You come out of the hotel next morning. . . .

Vous	(Pardon, where's the station please?)
L'homme	Euh. . . place de la Gare!
Vous	(Where's place de la Gare? Is it far?)
L'homme	Par là, à cinq minutes à pied.
Vous	(Thanks; goodbye)
L'homme	Je vous en prie.

5

You're standing in the middle of the Place Voltaire. A group of tourists besiege you – fortunately you can see all the places they ask for, so point them out with a wave of the arm.

Où est la banque? – **La** voilà.

1 Où est le bureau de poste?
2 Où sont les cafés?
3 Où sont les grands magasins?
4 Où est la rue Diderot?
5 Où est le cinéma?
6 Où est la cathédrale?
7 Où est la gare?

Getting what you want

| Je voudrais
(*I'd like*) | un
une

(*a . . .*) | s'il vous plaît |
| | du
de la
de l'
des

(*some . . .*) | |

Télévision

A grocer's shop. A young man, Jean, enters and addresses the proprietress, Andrée.

Jean	(*Reads shopping list*) Excusez-moi, je voudrais du pain, du lait, des bananes, du café et de la bière, s'il vous plaît.
Andrée	J'ai du pain, du lait, du café et de la bière, mais je n'ai pas de bananes.
Jean	Eh bien, tant pis.
	A customer, Valérie, rushes in.
Valérie	Excusez-moi—
Jean	Une minute—
Valérie	(*ignoring him*) Bonjour madame Andrée. Vous avez du lait?
Andrée	Mais oui, un litre?
Valérie	Oui, merci. C'est combien?
Andrée	Un franc.
Valérie	Voilà. (*Pays*) Au revoir messieurs-dames.
Andrée	(*to Jean*) Je suis désolée, monsieur, je n'ai plus de lait.
	Another customer, Hortense, rushes in.
Hortense	Bonjour madame Andrée. Vous avez du pain?
Andrée	Voilà madame. C'est la dernière baguette.
Jean	Mais—
Andrée	(*to Jean*) Une seconde! (*to Hortense*) Un franc.
Hortense	Merci, au revoir! (*to Jean*) Et excusez-moi, monsieur!
Jean	(*with a forced smile*) Je vous en prie.
Andrée	Je suis désolée, monsieur, je n'ai plus de pain.
Jean	Tant pis!
	Another customer, Christine, enters. She's not in a hurry.
Christine	Eh bonjour madame Andrée, ça va?
Andrée	Ça va merci, et vous?
Christine	Ça va bien, merci.
Andrée	Et la famille, ça va?
Christine	Ah, le petit Jacques est malade, et il . . .
Jean	Euh, excusez-moi!
Andrée	Une minute! Je parle avec madame.
	Twenty minutes later.
Andrée	(*to Christine*) Voilà madame: le chocolat, le vin, les

	biscuits. C'est tout ?
Christine	Oui, c'est tout. C'est combien ?
Andrée	Attendez . . . ça fait vingt-cinq francs. (25F)
Christine	Ah, et puis un litre de bière.
Andrée	Vous avez de la chance. C'est la dernière bouteille !
Jean	(*furious*) Ah, non alors ! (*He storms out*)
Christine	Ah ! Cette génération ! Aucune éducation ! C'est combien la bière ?
Andrée	Un franc, merci !
Christine	Au revoir, madame.

Expressions

tant pis	*too bad*
une minute !	*just a minute !*
c'est combien ?	*how much is it ?*
je n'ai plus de pain	*I haven't got any more bread*
une seconde !	*just a second !*
je parle avec . . .	*I'm talking to . . .*
vous avez de la chance !	*you're in luck !*
non alors!	*oh no!*
aucune éducation !	*no manners !*

Télévision

Les Aventures de Renard

Je voudrais du champagne et des cuisses de grenouilles

	At the market.
Mme Grenouille	Bonjour madame !
Mme Leboeuf	Bonjour madame !
	Renard is playing the accordeon on the pavement.
Mme Leboeuf	Il a du talent.
Mme Grenouille	Il a du charme.
Mme Leboeuf	Je n'ai pas de monnaie. (*Searching in her bag*) Ah, si. Voilà un franc.
Renard	Merci madame.
Mme Grenouille	Moi, j'ai de la monnaie. Mais voilà dix francs. (*Gives him a note*)
Renard	Merci beaucoup, madame.
	They move on. Renard follows. At the baker's.
Mme Leboeuf	Vous avez du pain ? Une baguette, s'il vous plaît.
Mme Grenouille	Moi, je voudrais des brioches.
Le boulanger	Désolé, mais je n'ai pas de brioches.
Mme Grenouille	Alors, des croissants! Je ne mange pas de pain!
	At the grocer's.
Mme Leboeuf	Vous avez du vin ? Deux litres, s'il vous plaît.
Mme Grenouille	Moi, je voudrais du champagne, monsieur. Cinq bouteilles, s'il vous plaît. Je ne bois pas de vin ordinaire!
	A few days later Renard, disguised as a travelling salesman, arrives at Mme Grenouille's with a truck piled high with household goods. He knocks.
Renard	Bonjour madame ! Vous avez un aspirateur ?
	Mme Grenouille slams the door in his face.
Renard	(*shouting*) Madame Leboeuf a un aspirateur !
	The door opens again.
Mme Grenouille	Ah oui ?

A few minutes later inside the house.

Renard	Et une machine à laver?
Mme Grenouille	Madame Leboeuf a une machine à laver?
Renard	Oui, elle a une machine à laver automatique!
Mme Grenouille	D'accord.
Renard	Et un mixer?
Mme Grenouille	Oui, oui.
Renard	Et un frigidaire?
Mme Grenouille	D'accord.
Renard	Et une télévision-couleur?
Mme Grenouille	Bien sûr.

Later. An outside restaurant. In the background Renard's empty truck.

Renard	(*to waiter*) Je voudrais du champagne, s'il vous plaît. Et des cuisses de grenouilles. (*He counts his money and plans his next coup.*)

Expressions

il a du talent	*he has talent*
moi, je voudrais ...	*I'd like ...*
je ne mange pas de pain	*I don't eat bread*
je ne bois pas de vin ordinaire	*I don't drink ordinary wine*
madame Leboeuf a un aspirateur	*madame Leboeuf has a vacuum cleaner*
d'accord	*OK*

L'Amour de la Vie – Résumé

'Gardez bien la pose' – 'Watch the birdie'

Les Baux de Provence form a spectacular backcloth for **Renaud's** unorthodox photography. At first he pretends not to notice the scarcely veiled flirtations between **Michel** and **Nathalie**, but by the time they head for their next location, *les Gorges du Verdon*, jealousy begins to rear its ugly head . . .

Radio

1*

Before the day's interviewing, Annick decided to do some shopping for a scratch lunch. But first things first! So, breakfast in the hotel . . .

La serveuse	Bonjour madame.
Annick	Bonjour madame.
La serveuse	Que désirez-vous?
Annick	Un petit déjeuner, s'il vous plaît.
La serveuse	Café, thé, chocolat?
Annick	Euh ... un café, s'il vous plaît.
La serveuse	Complet?
Annick	Oui. Vous avez des croissants?
La serveuse	Oui madame.
Annick	Alors, euh ... des croissants, du pain, du beurre ... et puis un petit peu de confiture s'il vous plaît.
La serveuse	Oui madame. Café noir, café au lait?
Annick	Un café au lait, s'il vous plaît.
La serveuse	Oui madame.
Annick	Merci.

2

Thus fortified, Annick sets out to buy the basics. What could be more fundamental than bread? The baker's wife — la boulangère — is behind the counter.

Annick	Bonjour madame.
La boulangère	Bonjour madame.
Annick	Une baguette, s'il vous plaît.
La boulangère	Oui. Une grande ou une petite, madame?
Annick	Une petite, s'il vous plaît.
La boulangère	Voilà, madame, quatre-vingt cinq centimes (0,85F) madame. Et avec ça?
Annick	C'est tout, merci madame.
La boulangère	Voilà, merci madame.

3

Perhaps one loaf isn't going to be enough? Fortunately there are baker's shops at almost every street corner.

Annick	Bonjour madame.
La boulangère	Bonjour messieurs-dames (*which shows Annick wasn't alone!*)
Annick	Une baguette, s'il vous plaît.
La boulangère	Voilà.
Annick	Euh . . . quatre croissants, s'il vous plaît.
La boulangère	Quatre croissants, voilà.
Annick	Et des brioches.
La boulangère	Je n'ai plus de brioches, madame.
Annick	Bon, c'est tout. Ça fait combien?
La boulangère	Alors, quatre francs quarante-cinq (4,45F) s'il vous plaît.
Annick	Voilà. (*Produces the money*)
La boulangère	Voilà. (*Produces the change*)
Annick	Merci. Au revoir madame.
La boulangère	Au revoir madame. Merci madame.

4*

Fresh French bread is a memorable experience, but not enough for a meal. So next stop is the charcuterie (*delicatessen*) *for some* pâté. *The woman behind the counter is* la charcutière.

Annick	Bonjour madame.
La charcutière	Bonjour madame.
Annick	Avez-vous du pâté de campagne, s'il vous plaît?
La charcutière	Oui madame. Combien en voulez-vous?
Annick	Euh . . . une tranche pour deux personnes, s'il vous plaît.
La charcutière	Comme ceci? (*holding the knife over the pâté*) Ça va?
Annick	Comme ça, très bien, oui.
La charcutière	(*She weighs and wraps it*) Deux francs (2F) madame. Et avec ceci?
Annick	C'est tout. Merci.
La charcutière	Merci madame.

5

And to round off the picnic lunch, some cheese — which you can buy at the grocer's, l'épicerie, *or as* Annick *did, at a dairy,* la crémerie. *Again madame was serving.*

La crémière	Bonjour madame.
Annick	Bonjour madame. Je voudrais du fromage. Vous avez du comté?
La crémière	Ah oui madame. Combien vous en voulez? Un petit morceau comme ça, c'est suffisant? Un petit peu plus?
Annick	Non, ça va. Ça fait combien?
La crémière	(*weighing it*) Trois francs cinquante (3,50F). Ça va?
Annick	Oui, très bien.
La crémière	Voilà madame. Et avec ceci, madame?
Annick	C'est tout, madame.
La crémière	Alors trois francs cinquante.
Annick	Voilà. (*Produces the money*)
La crémière	Merci. (*Gives change for a 5 franc piece*) Trois cinquante (3,50F), quatre francs (4F), cinq (5F). Voilà madame.
Annick	Merci beaucoup madame. Au revoir madame.
La crémière	Au revoir madame.

6*

No meal is complete without something to drink. So, off to le marchand de vins (the wine merchant). *Madame —* la marchande *— is serving.*

Annick	Bonjour madame.
La marchande	Bonjour madame. Vous désirez, madame?
Annick	Vous avez de l'aligoté, s'il vous plaît?
La marchande	Oui madame. A cinq francs, à sept francs?
Annick	Une bouteille à cinq francs s'il vous plaît.
La marchande	Oui. Voilà madame. Vous désirez autre chose?
Annick	Oui. Je voudrais un vin rouge pour accompagner un rôti de boeuf, s'il vous plaît.
La marchande	Vous avez un Côtes de Nuits à quinze francs ou un Gevrey-Chambertin à vingt-trois francs (23F).
Annick	Oh, je voudrais une bouteille de Côtes de Nuits.
La marchande	Oui. Voilà madame.
Annick	Eh bien, c'est tout. Alors, ça fait combien?
La marchande	Alors, vingt francs, madame.
Annick	Oui (*Hands over 20 francs*) Voilà.
La marchande	Merci madame.
Annick	Au revoir madame.
La marchande	Au revoir madame.

Expressions		
	que désirez-vous?	*what would you like?*
	une grande? une petite?	*a big one? a little one?*
	avec ceci/avec ça?	*anything else?*
	ça fait combien?	*how much is it?*
	combien en voulez-vous? combien vous en voulez?	*how much would you like?*
	un petit peu plus	*a little bit more*
	pour accompagner un rôti de boeuf	*to go with roast beef*

1

You asked for it . . .

The simplest way of asking for something in a shop is just to *name* it:

Une baguette, s'il vous plaît.

Or you can ask if they *have* any:

Avez-vous | une baguette, s'il vous plaît?
Vous avez |

Or you can say *you'd like* whatever it is:

Je voudrais une baguette, s'il vous plaît.

2

Some/any

These ideas are expressed by **du**, **de la**, **de l'** (before a vowel) or **des**:

the	some/any
le	**du**
la	**de la**
l'	**de l'**
les	**des**

NB After a negative it's always **de** (or **d'** before a vowel):

Je voudrais Avez-vous . . . ?	**du** fromage **de la** bière **de l'**argent **des** croissants		Je n'ai pas Je n'ai plus	**de** fromage **de** bière **d'**argent **de** croissants

3

ne . . . pas/ne . . . plus not any/not any more

Je **n'ai pas** de fromage   *I haven't got any cheese*
Je **n'ai plus** de fromage   *I haven't got any more cheese*

4

Quantities

Numbers simply precede the noun:

trois bananes
cinq bouteilles

Other quantities are linked with **de:**

un litre **de** bière
un kilo **de** bananes
une bouteille **de** vin
un peu **de** confiture

5

More about shopping

When you go into the shop, the shopkeeper will probably say:

Que désirez-vous ?	*Can I help you?*
Vous désirez ?	*What would you like?*

In a café it's more likely to be:

Qu'est-ce que vous prenez ?   *What will you have?*

When you're served, he'll probably say:

Et avec ceci?/Et avec ça?	*Anything else?*
Vous désirez autre chose ?	
C'est tout ?	*Is that all?*

You'll want to know the price . . .

C'est combien ?	*How much is it?*
C'est combien, le camembert ?	*How much is the camembert?*
Ça fait combien?	*How much does it come to?*

And as *you* hand over the money and *he* gives the change . . .
Voilà 10 Francs/20 Francs/la monnaie.

6

C'est ça. Use this phrase when you're confirming something:
Une baguette, madame? Oui, **c'est ça!** *That's it, that's right!*

7

Moi, je
moi is used to emphasise **je** — it corresponds to the 'stressed I' in English.
Moi, j'ai de la monnaie. *I've got change.*

A propos . . .

si

Si (Yes) is used instead of *oui* to contradict a negative statement or question.

Vous avez de l'argent ?	—	Oui, j'ai de l'argent.
Vous n'avez pas d'argent ?	—	**Si**, j'ai de l'argent.

la charcuterie

The name *charcuterie* comes from the words for 'cooked meats' — not surprising, as it sells food that is ready to eat, or at least, to heat up. You can compose a tasty, satisfying meal from what *la charcutière* has on offer. As well as variations on the theme of ham and sliced sausages, she can produce a whole range of simple and elaborate hors d'oeuvres, ready-prepared salads, and in most shops, at least one cooked main dish each day. Even fresh mayonnaise ready to pour over your cooked lobster !

le pain

In France bread always comes in a multitude of shapes and as many fanciful names. The traditional 'French loaf' long and thin, is *une*

le bordeaux

le bourgogne

l'alsace

baguette — which also means a magic wand or a conductor's baton. Still on music, a smaller, thinner version is sometimes called *une flûte*. Fat round loaves of country bread (*pain de campagne*) are sold by weight. The names vary from region to region, even from shop to shop; when you're in France, don't be shy about asking the baker what it's called — *Comment ça s'appelle?*

le vin

L'aligoté is a fruity white Burgundy, which takes its name from the type of vine that produces the grapes. *Côtes de Nuits* and *Gevrey-Chambertin* are two of the better-known rich red Burgundies named after the localities in which they are produced. The favourite local aperitif in Burgundy is *le vin blanc cassis* — a mixture of aligoté and blackcurrant syrup (*le cassis*). For a similar refreshing drink try mixing any dry white wine with the non-alcoholic blackcurrant juices available in Britain. Incidentally, if you're not sure from the label where a wine comes from, you can often tell by the shape of the bottle itself. For instance Bordeaux wines come in straight-sided bottles with 'shoulders', Burgundies in sloping sided bottles and Alsace wine comes in tall, tapered bottles.

Une crémerie . . .

. . . et une charcuterie

47

la brioche

La boulangerie generally sells other things as well as bread, for example: *la brioche*. This is a very light kind of tea bread, with egg and milk in the dough. Although it's light, it's richer than ordinary bread, and so it used to be associated with high living. Consequently, in 1789, when the starving Paris mob was shouting *Nous n'avons pas de pain !* (or words to that effect), Marie-Antoinette's reaction, *Qu'ils mangent de la brioche !* didn't go down particularly well . . .

et le comté

Comté is a cheese produced in the Franche-Comté, the region around Besançon. It is a hard, mountain cheese, not unlike *le gruyère* or *l'emmenthal*.

complet?

Un petit déjeuner is light by comparison with the traditional British breakfast: basically *du café* and *des croissants* or *des tartines* (*une tartine* is a piece of bread with something on it). A full breakfast—*un petit déjeuner complet*, usually called *un café complet*—will consist of croissants if you're lucky, and bread and butter and jam as well as coffee. Coffee can be black (*café noir*) or white (usually called *café au lait* at breakfast and *café crème* or just *crème* at other times of the day). Some people prefer *du thé* or *du chocolat*, but the normal breakfast drink is still *du café*.

Exercices

1

You're out shopping. You want each of the things the shop-keeper or waiter offers you, but you have to say how much you want. We've given the appropriate quantities.

Voulez-vous du café? (un kilo) — Oui, je voudrais **un kilo de** café, s'il vous plaît.

1 Voulez-vous du beurre ? (un kilo)
2   du pâté? (une tranche)
3   du vin ? (une bouteille)
4   du gruyère ? (un peu)
5   du champagne? (cinq bouteilles)
6   de la bière? (un litre)
7   de l'aligoté? (un peu)
8   des bananes? (deux kilos)
9   des brioches? (quatre)
10   des croissants? (trois)

2

This time you're in charge of the shop. A customer comes in. The shop's stock is rather run down, so whatever she asks for, you haven't got it . . .

Je voudrais **du** café. — Désolé, je n'ai pas **de** café.

1 Je voudrais   des sardines.
2   de la confiture.
3   du champagne.
4   de la bière.

5	des croissants.
6	des brioches.
7	de l'aligoté.
8	des bananes.
9	du vin ordinaire.
10	des cuisses de grenouilles.

3

A l'hôtel. You order breakfast for yourself and your companion.

La serveuse	Bonjour madame, bonjour monsieur. Vous désirez?
Vous	(One coffee and one tea please)
La serveuse	Café noir?
Vous	(White coffee please. Ask if they have any croissants?)
La serveuse	Désolée, je n'ai plus de croissants.
Vous	(You'd like some bread, some butter and a little jam please)
La serveuse	Alors, deux petits déjeuners complets – un thé, un café crème, c'est bien ça?
Vous	(That's it; thanks)

4

Now you're the customer; you've come to the grocer's to buy some necessities.

L'épicière	Bonjour
Vous	(Greeting)
L'épicière	Vous désirez?
Vous	(You'd like some bananas please)
L'épicière	Comme ça?
Vous	(How much?)
L'épicière	Ça fait trois francs. Ça va?
Vous	(That's fine thanks)
L'épicière	Voilà. Et avec ça?
Vous	(You'd like some butter)
L'épicière	Deux cent cinquante grammes? (250g.)
Vous	(Yes; that's it)
L'épicière	Voilà. C'est tout, madame?
Vous	(Ask if she's got any bread?)
L'épicière	Oui. Une baguette?
Vous	(Yes please. And you'd like a bottle of wine please)
L'épicière	Un beaujolais?
Vous	(How much is the beaujolais?)
L'épicière	Huit francs cinquante (8,50F)
Vous	(All right)
L'épicière	Et avec ça?
Vous	(That's all thanks)
L'épicière	Alors, ça vous fait dix-sept francs, s'il vous plaît. (17F)
Vous	(Here's twenty francs)
L'épicière	. . . et trois francs – vingt (20)! Merci bien.
Vous	(Thanks; goodbye)
L'épicière	Au revoir.

5

Husband and wife are shopping together. The wife does the talking. Can you fill in the blanks, using the sentences in the box?

La marchande	1..
La cliente	Bonjour, madame.
La marchande	2..
La cliente	Je voudrais des bananes.
La marchande	3..
La cliente	Oui. Un kilo.
La marchande	4..
La cliente	5..
La marchande	Oui madame. Une tranche comme ça?
La cliente	6..
La marchande	Voilà madame. C'est tout?
La cliente	7..
La marchande	Alors, quatre francs.
La cliente	8..
La marchande	Merci madame. Et cinq! Merci beaucoup.
La cliente	9..

```
A:  Voilà cinq francs.
B:  Voilà madame. Et avec ça?
C:  Merci. Au revoir madame.
D:  Oui madame. Un kilo?
E:  Bonjour messieurs-dames.
F:  Que désirez-vous?
G:  Je voudrais aussi du pâté.
H:  Oui, c'est tout.
I:  Oui, ça va.
```

Une pâtisserie à Paris

cinq 5

Getting precisely what you want

| Je voudrais | un grand pot de moutarde forte au vin blanc |
| | trois petites tasses de café noir bien fort |

In a wine shop, Gabriel and the assistant, Michelle.

Gabriel	Bonjour mademoiselle.
Michelle	Bonjour monsieur. Vous désirez?
Gabriel	Avez-vous du vin rouge, du vin blanc et du vin rosé?
Michelle	Bien sûr. (*Points to bottles*)
Gabriel	Je voudrais sept bouteilles de rouge, cinq bouteilles de blanc et neuf bouteilles de rosé. *She gives him the bottles.*
Michelle	Voilà. C'est tout?
Gabriel	Non. Avez-vous du whisky?
Michelle	Oui. Combien de bouteilles?
Gabriel	Huit, s'il vous plaît.
Michelle	C'est tout?
Gabriel	Oui. C'est combien?
Michelle	Cinq cents francs (500F).
Gabriel	Ce n'est pas cher. Vous acceptez les chèques?
Michelle	Bien sûr, monsieur. (*Gabriel pays by cheque*)

In a clothes shop. Gabriel and the assistant, Jean-Jacques.

Gabriel	Bonjour.
Jean-Jacques	Bonjour monsieur. Vous désirez?
Gabriel	Je voudrais une veste.
Jean-Jacques	Quelle couleur?
Gabriel	Grise ou bleue.
Jean-Jacques	Voilà. (*Produces jackets*)
Gabriel	(*measuring against himself*) La veste grise est trop grande. La veste bleue est trop petite.
Jean-Jacques	Ah! Voilà une veste verte.
Gabriel	(*tries it on*) Eh, pas mal! Maintenant un pantalon.
Jean-Jacques	Quelle couleur?
Gabriel	Gris ou noir. *Gabriel buys trousers, shirts, ties, underwear, socks and shoes.*
Jean-Jacques	C'est tout?
Gabriel	Oui, c'est tout. Vous acceptez les chèques?
Jean-Jacques	Bien sûr. Par ici monsieur. (*Gabriel pays by cheque*)

Gabriel with his bank manager — le directeur.

Le directeur	Bonjour monsieur Dubois. Alors ! Qu'est-ce que c'est? (*Indicates pile of cheques*) Des chèques, des chèques, encore des chèques, toujours des chèques ! Et vous n'avez pas d'argent ?
Gabriel	Je n'ai pas d'argent ?
Le directeur	Non ! Pas d'argent !
Gabriel	Pas de problème ! (*Taking out his cheque book*) Vous acceptez les chèques, n'est-ce pas ?

---

vous acceptez les chèques ?	*do you accept cheques ?*
quelle couleur ?	*what colour ?*
encore des chèques !	*more cheques !*
toujours des chèques !	*still more cheques !*
pas de problème !	*no problem !*
n'est-ce pas ?	*don't you ?* (see also section 2 p. 69)

Télévision

Les Aventures de Renard

Mme Grenouille is in floods of tears: the Leboeufs have an au pair girl.

M. Grenouille	Qu'est-ce qu'il y a ?
Mme Grenouille	Madame Leboeuf a une fille au pair. Moi, je n'ai pas de fille au pair !
	Shortly afterwards M. Grenouille pins a notice outside his house. It reads:

> Grenouille cherche
> au pair
> honnête et dynamique

Oh! la, la! Elle est splendide!

	Renard, passing by, sees it.
Renard	(*to himself*) Dynamique ? Honnête ? C'est moi ! *He knocks on the door and gets the job. A week later Renard notices the Leboeufs' new Citroen DS.*
Renard	Oh! la, la! Elle est splendide!
M. Grenouille	Qu'est-ce que c'est ?
Renard	La nouvelle voiture des Leboeuf. Regardez !
M. Grenouille	Moi aussi, je voudrais une grosse voiture. *At the garage. The salesman is trying to sell M. Grenouille a small car.*
Salesman	Elle est petite, mais elle n'est pas chère.
Renard	(*to M. Grenouille*) Elle est trop petite pour vous, monsieur. Non ?
M. Grenouille	(*pointing to another car*) Je voudrais la voiture là-bas.
Salesman	La DS Citroën, monsieur ?
M. Grenouille	Non, la grosse voiture verte.
Salesman	La grosse voiture américaine, monsieur ? Mais elle est très chère.

M. Grenouille	Tant mieux.
	He leaves in a huge American car with Renard as the chauffeur. A week later Renard and the Grenouilles are prying on the Leboeufs again.
Renard	Mais qu'est-ce que c'est ?
	They see M. Leboeuf practising yoga and reading a book on vegetarianism.
M. Grenouille	C'est bizarre !
	Meanwhile Mme Leboeuf is pulling up all her beautiful flowers and planting carrots.
Mme Grenouille	C'est très bizarre, mais . . .
	Shortly afterwards M. and Mme Grenouille start giving away all their precious possessions.
M. Grenouille	(*shouting to passers-by*) Voulez-vous une machine à laver, . . . un aspirateur, . . . un mixer, . . . une télévision-couleur, . . . une voiture américaine ?
Mme Grenouille	Non à la société de consommation ! Vive la vie simple !
	Renard drives off with the goods . . . and the Leboeufs' au pair.
Renard	Non à la vie simple ! Vive l'amour !

Expressions

qu'est-ce qu'il y a ?	*what's the matter ?*
Grenouille cherche . . .	*Grenouille seeks . . .*
c'est moi	*that's me*
tant mieux	*all the better*
non à la société de consommation !	*no to the consumer society !* (see note p. 57)
vive la vie simple !	*long live the simple life !* (see note p. 57)

L'Amour de la Vie — Résumé

'J'ai la photo !' — 'Renaud's last picture show'

Renaud finally decides he has had enough of playing gooseberry and leaves **Michel** and **Nathalie** stranded, with a clever ruse, in the middle of *les Gorges du Verdon*.
Together the couple make their way to visit **Nathalie's** millionaire uncle **Henry** at *Castellaras*, where a surprise awaits them. . . .

Radio

1

Annick has some more shopping to do, so she heads for the grocer's
— l'épicerie

L'épicière	Bonjour madame, Vous désirez, madame ?
Annick	Je voudrais des yaourts.
L'épicière	Euh . . . fraise, framboise, mandarine . . .
Annick	Je voudrais deux pots de yaourt à la mandarine et deux pots à la fraise.
L'épicière	(*serving her*) Voilà madame.
Annick	Merci. Je voudrais du sucre aussi.

L'épicière	Oui. Voilà madame.
Annick	Et puis, je voudrais des sardines, s'il vous plaît.
L'épicière	Sardines à l'huile ou à la tomate?
Annick	A l'huile.
L'épicière	A l'huile.
Annick	De Bretagne.
L'épicière	De Bretagne, oui. La grosse boîte ou la petite?
Annick	La grosse boîte, s'il vous plaît.
L'épicière	La grosse boîte, oui. Voilà madame. Et avec ça?
Annick	C'est tout. Ça fait combien?
L'épicière	(*adding up*) Vingt-et-un francs soixante-dix, madame. (21,70F)
Annick	Oui. Vingt-et-un soixante-dix. Voilà trente francs (30F).
L'épicière	Merci madame. Voilà la monnaie.
Annick	Merci. Au revoir madame.
L'épicière	Voilà, au revoir madame, merci.

2*

Annick has bought a bottle of Côtes de Nuits to go with a roast —
Je voudrais un vin rouge pour accompagner un rôti de boeuf, s'il vous plaît. *But even the tenderest roast is a little dull without mustard, and as Dijon is famous for its mustard, Annick went off to buy some . . .*

Annick	Bonjour madame.
La vendeuse	Bonjour madame.
Annick	Je voudrais de la moutarde.
La vendeuse	Bien madame. Quel genre de moutarde? Vous avez de la moutarde forte et de la moutarde douce.
Annick	De la moutarde forte s'il vous plaît.
La vendeuse	Bien. Voici la spécialité de la maison, la moutarde forte au vin blanc.
Annick	Oui? C'est combien?
La vendeuse	Vous avez le petit pot, six francs, le moyen, sept francs soixante-quinze (7,75 F), le plus grand neuf francs soixante quinze (9,75F). Mais vous avez la même moutarde en verre. C'est moins cher.
Annick	C'est combien le petit verre?
La vendeuse	Le petit verre, deux francs quatre-vingt-dix (2,90F) madame.
Annick	Eh bien, je voudrais un petit pot alors.
La vendeuse	Un petit pot à six francs?
Annick	Oui.
La vendeuse	Bien, madame. (*Serves her*)
Annick	Voilà. Alors, six francs? (*Gives her a ten franc note*)
La vendeuse	Merci, madame . . . (*Produces change*) . . . et dix. (10F)
Annick	Merci.
La vendeuse	Merci beaucoup.
Annick	Au revoir madame.
La vendeuse	Au revoir madame.

3*

The meal is beginning to take shape: sardines, followed by a roast, some of last week's comté cheese . . . and dessert? What about rum babas? So off to la pâtisserie.

Annick	Bonjour madame.
La pâtissière	Bonjour madame.
Annick	Je voudrais des babas au rhum, s'il vous plaît.
La pâtissière	Ah, je suis désolée, madame. Nous n'avons pas de babas au rhum aujourd'hui.
Annick	Ah! Pas de babas! Bon, et vous avez des tartes?
La pâtissière	Des tartes, oui.
Annick	Tartes aux pommes?
La pâtissière	Tartes aux pommes. Individuelles ou pour plusieurs personnes?
Annick	C'est pour quatre personnes.
La pâtissière	Oui. Alors, vous avez une tarte à dix-huit francs (18 F), et (*pointing*) l'autre, un peu plus grande, à vingt-et-un francs (21 F).
Annick	Alors, je prends la petite à dix-huit francs.
La pâtissière	Bien, oui. (*Wraps up the tart*) Voilà votre paquet, madame.
Annick	Merci madame. C'est combien?
La pâtissière	C'est dix-huit francs, mais vous payez à la caisse, s'il vous plaît.
Annick	Ah bon. Merci beaucoup madame. Au revoir madame.
La pâtissière	Au revoir madame.

4

Shopping can be thirsty business, so Annick and a friend stop at a café for a cup of something.

La serveuse	Bonjour messieurs-dames, qu'est-ce que vous prenez?
Annick	Un chocolat.
La serveuse	Petit? Moyen? Grand?
Annick	Un petit chocolat.
La serveuse	Et monsieur?
L'ami	Un crème, s'il vous plaît.
La serveuse	Petit? Moyen? Grand?
L'ami	Un grand crème.
La serveuse	Alors, un petit chocolat et un grand crème, c'est ça?
Annick	Oui, c'est ça, merci.

Expressions		
	quel genre de moutarde?	*what sort of mustard?*
	le plus grand	*the bigger one*
	nous n'avons pas	*we don't have*
	c'est moins cher	*it's less expensive*
	je prends la petite	*I'll take the small one*
	vous payez à la caisse	*you pay at the cash-desk*
	qu'est-ce que vous prenez?	*what will you have* (lit. 'take')
	petit-moyen-grand	*small-medium-large*

1

Saying precisely what you want

Je voudrais | de la moutarde
du yaourt
du café

This is the most general way of asking for things. But you may want to give more information:

a) **How much?** Expressions of quantity are linked with **de**
un pot **de** yaourt
un verre **de** vin
un kilo **de** beurre
combien **de** bananes?

b) **What kind?** Add a describing word (adjective):
du café **fort**
de la moutarde **forte**
NB Most adjectives come after the word they describe. But a few of the commonest ones come before: **bon, grand, petit, gros**...
une **petite** bouteille de vin
un **grand** pot de moutarde

c) **What's in it?** Key ingredients, flavours, etc. are linked with **à**. **à** combines with **le** to give **au** and with **les** to give **aux**:

la fraise (strawberry) — **à la** fraise (with strawberry)
le fromage (cheese) — **au** fromage (with cheese)

un yaourt **à la** mandarine *a mandarin yoghourt*
des sardines **à la** tomate *sardines in tomato sauce*
des sardines **à l'**huile *sardines in oil*
de la moutarde **au** vin blanc *mustard with white wine*
du café **au** lait *coffee with milk*
une tarte **aux** pommes *an apple tart*

d) **What price?** Again use **à**
un pot de yaourt **à** 1 franc
une tranche de pâté **à** deux francs

Summing up

un yaourt
un yaourt à la fraise
un yaourt à la fraise à un franc
un pot de yaourt à la fraise à un franc
un petit pot de yaourt à la fraise à un franc
quatre petits pots de yaourt à la fraise à un franc

de la moutarde
un verre de moutarde
un grand verre de moutarde
un grand verre de moutarde forte
un grand verre de moutarde forte au vin blanc
un grand verre de moutarde forte au vin blanc à six francs

2
il est, elle est   ils sont, elles sont
Things as well as people have a gender in French. So do the
corresponding words for 'it' and 'they'.
voici un croissant – **il** est petit
voici une banane – **elle** est petite
voici des croissants – **ils** sont petits
voici des bananes – **elles** sont petites

A propos

Je n'ai pas de la DS
Was it a deliberate pun? When Citroën launched their new range of
cars in the mid-fifties, it didn't take long for people to realise that the
name D S is pronounced like *déesse* (goddess) and I D (a slightly
cheaper version) sounds like *idée* (idea).
The association of the cars with the notions of divinity and
intelligence was a fortunate one . . .

La nouvelle voiture des Leboeuf
French surnames have no plural form:

Les Goncourt (*The Goncourts*)
Les Thibault (*The Thibaults*)

Non à la société de consommation!
France is particularly rich in political and protest slogans. Two
widespread, all-purpose formulae are:

À bas	le fascisme! l'anarchie! les autres!	(*down with . . .*)
Non à	la société de consommation! la bombe atomique!	(*No! to . . .*)

For more positive emotions there's always:

Vive	la France! la liberté! moi!	(*up with / long live . . .*)

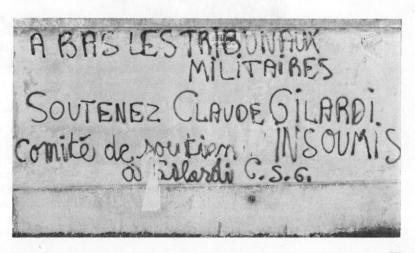

57

Moutarde de Dijon

la moutarde

Mustard is usually bought ready-made in France. True to the gastronomic tradition, it comes in a wide range of strengths and flavours — made with wine, with various herbs, finely or coarsely ground — but made, above all, in Meaux or in Dijon. It is sold in large glass preserving jars for mustard addicts. It comes in smaller quantities in traditional earthenware pots sealed with corks and sealing wax (*de la moutarde en pot*), or in small glass tumblers, (*de la moutarde en verre*), which is cheaper.

La spécialité de la maison

La maison strictly speaking is a house for living in. But it has a much wider meaning in French. Restaurants, cafés and shops will often refer to themselves as *la maison* — i.e. the establishment, especially in such expressions as *la spécialité de la maison* — *our* speciality, or *la maison n'accepte pas les chèques* — we don't accept cheques.

Exercices

1

Answer the questions, confirming the idea.
C'est **un** bon fromage ? — Oui, **il** est bon.
1   C'est un acteur comique ?
2   C'est une voiture américaine ?
3   C'est une femme élégante ?
4   C'est une petite bouteille ?
5   C'est un pantalon noir ?
      . . . now deny them.
      C'est un café fort? — Non, **il n'**est **pas** fort.
1   C'est une grande boîte ?
2   C'est une infirmière dynamique ?
3   C'est un monsieur intelligent ?
4   C'est un peintre français ?
5   C'est un restaurant cher ?

2

The description of the first thing fits the second too. Say so when you answer the questions.
La veste est grise. Et le pantalon ? — Il est gris aussi.
1   La voiture est grande. Et le garage ?
2   Les messieurs sont contents. Et les dames?
3   Le café est fort. Et la moutarde ?
4   Les étudiantes sont sérieuses. Et les étudiants ?
5   Les babas sont excellents. Et les tartes ?
6   Les clients sont contents. Et les clientes ?
7   Monsieur Mou est heureux. Et madame Mou ?
8   Le vin est excellent. Et la bière ?

3

You've just had a windfall, so you want the best, the biggest and the most expensive of everything. Give as much information as possible based on the pictures and start your answer
je voudrais le/la/les . . .

1

e.g. Des croissants?
Je voudrais
les croissants au beurre.

2   Et une tasse de café?

3   Et une bouteille de vin?

4   Et un poulet?

5   Et une tarte?

6   Et un pot de moutarde?

7   Et une voiture?

8   Et une boîte de sardines?

4

Au café. Four of you are in the café. The waiter, **le garçon**, comes up. You do the ordering.

Le garçon	Bonjour messieurs-dames. Qu'est-ce que vous prenez?
Vous	(A large black coffee)
Le garçon	Un grand café, oui.
Vous	(Two small chocolates)
Le garçon	Oui.
Vous	(And a small white coffee)

Le garçon	Alors, un petit crème, deux grands chocolats et un petit café noir. C'est ça?
Vous	(No – two small chocolates and a large black coffee)
Le garçon	Pardon, excusez-moi. C'est tout?
Vous	(Ask if he has any croissants)
Le garçon	Oui, bien sûr. Combien?
Vous	(Four please)
Le garçon	Très bien. Merci.
Vous	(Thank him)

5

A l'épicerie. You're the customer.

L'épicier	Bonjour
Vous	(Greeting)
L'épicier	Vous désirez?
Vous	(A kilo of sugar please)
L'épicier	Voilà. Et avec ça?
Vous	(You'd like some yoghourts)
L'épicier	Fraise? Mandarine?
Vous	(Four pots of mandarin yoghourt please)
L'épicier	Et voilà. C'est tout?
Vous	(You'd like some sardines please)
L'épicier	Sardines à l'huile ou à la tomate?
Vous	(With tomato sauce)
L'épicier	Une boîte?
Vous	(Three tins please)
L'épicier	Voilà. Et avec ça?
Vous	(That's all)
L'épicier	Alors . . . Quinze francs (15F) s'il vous plaît.
Vous	(Here's 20 francs)
L'épicier	Voici la monnaie. Cinq francs. Merci bien.
Vous	(Thanks; goodbye)
L'épicier	Au revoir.

Télévision	*M. Lumière, a passionate photographer, is sightseeing with his wife. He decides to go off on his own for a while.*
M. Lumière	Je reviens tout de suite. Je voudrais des photos de la cathédrale. (*Hurries off*)
Mme Lumière	(*trying to stop him*) Mais Henri . . .
M. Lumière	(*to a passer-by* — un passant) Pardon monsieur, où est la cathédrale, s'il vous plaît ?
Le passant	Elle est là-bas !
M. Lumière	C'est loin ?
Le passant	Non, non, non. C'est tout près.
M. Lumière	Merci bien . . .
	Much later M. Lumière reaches the cathedral, exhausted.
M. Lumière	Tout près ! Mais elle est superbe la cathédrale ! (*Takes photo*) Splendide ! (*Takes photo*) Magnifique ! Je suis fatigué mais j'ai des photos !
	Later in the entrance hall of a museum.
M. Lumière	(*to the attendant* — le gardien) Je voudrais un billet, s'il vous plaît.
Le gardien	Voilà.
M. Lumière	C'est combien ?
Le gardien	Deux francs. (*M. Lumière hands over a 100 franc note*) Vous n'avez pas de monnaie ?
M. Lumière	Non, je n'ai pas de monnaie.
Le gardien	(*put out*) Attendez, je reviens tout de suite. (*Leaves*)
	M. Lumière starts taking photos. The attendant returns, furious. Points to notice 'Photos interdites'.
Le gardien	Regardez ! Pas de photos. Allez ! Dehors !
M. Lumière	Mais —
Le gardien	Pas de mais ! Dehors !
M. Lumière	(*to himself as he leaves*) Quel imbécile ! Mais j'ai des photos.
	On the street M. Lumière sees a beautiful girl, Martine, whom he takes for a film star.
M. Lumière	Mademoiselle ! Mademoiselle ! Une photo, s'il vous plaît !
Martine	Non !
M. Lumière	S'il vous plaît, mademoiselle.
Martine	Absolument pas !
M. Lumière	Mais si ! (*He takes a photo*)
Martine	Mais non ! Mais quel idiot ! (*She slaps his face and walks off*)
M. Lumière	(*As she goes he takes another photo*) Elle est splendide !
	M. Lumière returns to his wife.

M. Lumière	(*indicating*) Par ici, je voudrais une photo devant le théâtre.
Mme Lumière	Mais . . .
M. Lumière	Une minute! (*He takes photos*) Voilà.
Mme Lumière	Mais chéri! Et la pellicule? (*Produces film from her bag.*)

Expressions

je reviens tout de suite	*I'll be back directly*
là-bas	*over there*
vous n'avez pas de monnaie?	*haven't you got any change?*
photos interdites	*no photographs* (lit. *photos forbidden* see p. 67)
allez, dehors!	*come on, out!*
pas de mais!	*no buts!*
quel idiot!	*what an idiot!*
et la pellicule?	*what about the film?*

Télévision

Renard finds the poor cobbler, Rousselet, the squirrel, singing at his work.

Les Aventures de Renard

Renard	Comment ça va?
Rousselet	Ça va bien, merci.
Renard	Vous avez mes chaussures?
Rousselet	Les voilà.
Renard	C'est combien?
Rousselet	Aujourd'hui c'est gratuit pour les amis! Je ne suis pas riche mais je suis heureux.
Renard	Rousselet, le bonheur qu'est-ce que c'est?
Rousselet	Le bonheur c'est du pain, du vin, des amis, du travail et beaucoup d'enfants.
Renard	Et les femmes?
Rousselet	Le bonheur c'est surtout une femme.
Renard	Et l'argent?
Rousselet	Bof! L'argent ne fait pas le bonheur.

Du pain, du vin, du travail et beaucoup d'enfants

The wealthy M. Grogne, the toad, at home with his grumpy wife.

Mme Grogne	L'argent? Où est-il?
M. Grogne	Dans la chaussette!
Mme Grogne	Et la chaussette? Où est-elle?
M. Grogne	Sous le lit, comme toujours! (*She leaves banging the door.*) Vieux dragon!
	Renard arrives.
Renard	Bonjour monsieur Grogne, comment ça va?
M. Grogne	Mal! Comme toujours. Je voudrais des amis et je n'ai pas d'amis. Je voudrais une femme, j'ai un dragon. Je voudrais —
Renard	Du pain, du vin, du travail et beaucoup d'enfants!
M. Grogne	C'est ça! C'est exactement ça!
	Renard whispers in his ear and that night M. Grogne takes his sockful of money and leaves it on Rousselet's doorstep. A month later Renard meets a tired and depressed Rousselet outside his shop.

Rousselet	Ah ! Mon vieux, c'est terrible ! Mes amis sont jaloux, ma femme est inquiète et mes enfants sont désagréables. Je ne suis plus heureux.
Renard	L'argent ne fait pas le bonheur.
Rousselet	Bien sûr ! C'est ça ! (*He rushes into his shop, brings out the sock of money and throws it into a dustbin. Renard picks up the sock and makes off.*)
Renard	Le malheur des uns fait le bonheur des autres.

L'Amour de la Vie – Résumé

'Milliardaire le matin, vagabond le soir' – 'Millionaire's paradise'
Michel and **Nathalie** revel in the luxury of **Henry's** villa. They are taken on a tour of *la Fondation Maeght*, an international arts centre near *St. Paul de Vence*, where **Henry** works as a cultural adviser. **Michel** is very impressed and would like to try the artistic life, but **Henry** points out that he has neither the talent nor the qualifications to do so.

Radio

Un fruitier parisien

1*

On her way back from an interview Annick's eye was caught by an attractive display of fruit in a shop window. What about a fruit salad?

Annick	Bonjour madame.
La fruitière	Bonjour madame. Vous désirez, madame ?
Annick	Pour faire une bonne salade de fruits, qu'est-ce que vous avez, s'il vous plaît ?
La fruitière	J'ai des oranges, des pommes, des poires, pamplemousses et bananes.
Annick	Oui? Eh bien, je voudrais des oranges. Une livre d'oranges.

La fruitière	Une livre d'oranges. (*Serving her*) Voilà madame. Et avec ça?
Annick	Eh bien, des pommes, s'il vous plaît.
La fruitière	Combien madame?
Annick	Une livre à peu près. (*She is shown the apples*) Oui, comme ça.
La fruitière	Trois pommes, madame. Quelques poires?
Annick	Oui. Une petite livre. Oui, comme ça.
La fruitière	Voilà madame. Un pamplemousse?
Annick	Oui, s'il vous plaît. Un seul.
La fruitière	Comme ça?
Annick	Oui, ça va.
La fruitière	C'est tout, madame?
Annick	Non, je voudrais des bananes aussi. Trois bananes s'il vous plaît.
La fruitière	Trois bananes mûres?
Annick	Pas trop mûres. Oui, comme ça. Elles sont bien.
La fruitière	Voilà madame.
Annick	Eh bien, c'est tout. Ça fait combien?
La fruitière	Sept francs quatre-vingts madame (7,80F).
Annick	Oui. Voilà dix francs (10 F).
La fruitière	Je vous remercie (*Gives change*) 8,50, 9 et 10.
Annick	Merci madame.
La fruitière	Je vous remercie madame.
Annick	Au revoir madame.
La fruitière	Au revoir madame, merci.

2

Jean Maisonnave wanted to find out more about Dijon. So he went off to the Town Hall to talk to the press officer, Mme Delarue

Jean	Mme Delarue, vous êtes attachée de presse à la mairie de Dijon. Qu'est-ce qu'il y a d'intéressant à Dijon pour le visiteur?
Mme Delarue	Euh, Dijon est une très belle ville. Il y a de nombreux monuments anciens, par exemple, le Palais des Ducs. Il y a aussi des églises, euh, des rues médiévales.
Jean	Il y a une maison de la culture?
Mme Delarue	Il n'y a pas de maison de la culture, mais il y a plusieurs maisons des jeunes.
Jean	Et est-ce qu'il y a un théâtre?
Mme Delarue	Mais oui, il y a un théâtre et plusieurs salles de spectacles.
Jean	Et pour les sports?
Mme Delarue	Pour les sports vous avez un parc municipal des sports pour le rugby, le football, le handball et cetera. Vous avez également à Dijon un grand lac pour la voile et la natation.
Jean	Est-ce qu'il y a une piscine?
Mme Delarue	Il y a trois piscines à Dijon.
Jean	En somme, Dijon est une ville intéressante?
Mme Delarue	Euh, oui, Dijon est une ville très intéressante et très agréable.

3

*Meanwhile Annick was finding out about Dijon from another
high-ranking city official, M. Perrault*

M. Perrault	Dijon est la capitale de la Bourgogne. Donc c'est une ville gastronomique. Mais c'est aussi une ville historique avec un musée très important. Il y a une université, et surtout c'est une des villes les plus vertes de France avec beaucoup de jardins, de squares et de parcs.
Annick	Qu'est-ce qu'il y a comme industries à Dijon ?
M. Perrault	Surtout des industries alimentaires, par exemple la moutarde, le cassis, le pain d'épice, mais Dijon est surtout un centre de commerce et de services.
Annick	Oui. Il y a une maison de la culture à Dijon ?
M. Perrault	Non. Mais il y a beaucoup de maisons des jeunes et de la culture.
Annick	Et est-ce qu'il y a beaucoup de choses à voir pour les touristes à Dijon ?
M. Perrault	Ah oui, beaucoup. Des monuments, des églises, des vieux quartiers, des vieilles rues, et cetera.
Annick	Est-ce qu'il y a beaucoup de possibilités pour le sport et les loisirs?
M. Perrault	Oui: le football, le rugby, le handball, le golf, et même la natation et la voile sur le lac Kir à deux kilomètres de Dijon.

Expressions

une livre à peu près	*about a pound* (see note below)
une petite livre	*just under a pound*
un seul	*just one*
je vous remercie	*thank you*
elles sont bien	*they're nice*
qu'est-ce qu'il y a d'intéressant ?	*what is there of interest ?*
une des villes les plus vertes de France	*one of the greenest towns in France* (see note p. 67)
qu'est-ce qu'il y a commé industries ?	*what is there in the way of industry ?*
des industries alimentaires	*food industries*
beaucoup de choses à voir	*a lot of things to see*

A propos . . .

une livre d'oranges

Un kilogramme, or *un kilo* (1,000 grammes) is just over two pounds. But despite almost two centuries of metric weights and measures, some vestiges of the old system linger on. Even though in markets and shops you do hear people asking for half a kilo of something, (*un demi-kilo* or *cinq cents grammes*), often they will ask for *une livre* — a pound.

le musée

French museums and art galleries charge an entrance fee, though there is no charge on Sundays. Don't schedule a visit to a state museum on a Tuesday — it's closing day.

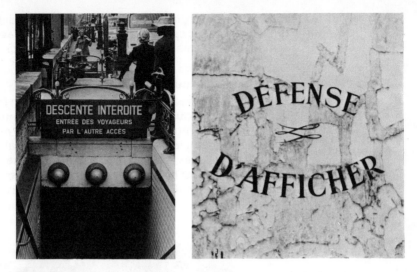

Don't!

On notices, the key words for telling you what you *mustn't* do are *interdit* and *défense.*

Stationnement interdit (no parking)
Photos interdites (no photos)
Pelouse interdite (keep off the grass)
Défense de fumer (no smoking)
Défense d'afficher (stick no bills)
Défense d'entrer (no entry)

vive le sport!

You can see from the very word *le sport* that a lot of sporting terminology has been taken from English — to such a point that efforts are now being made officially to invent French replacements. However alongside *le football, le rugby, le tennis, le golf* etc. there are some purely French terms like *la voile* (sailing) and *la natation* (swimming).
Occasionally strange terms occur: a rugby player is called *un rugbyman*, and a male tennis player *un tennisman*.

Dijon, ville verte

In France, towns generally have fewer parks and gardens than in Britain, and so the few green areas that do exist are usually highly prized. Consequently, whereas the British take grass for granted, in French parks it is strictly for looking at. Could it be because of the value attached to French grass that where British town planners tend to talk of 'open spaces' and assume grass, their French counterparts refer to *espaces verts? Espaces verts* come in all sizes, from *le square*, like a British town square, to the more imposing *jardin public* and *parc.*

le lac Kir

le lac Kir is an artificial lake just outside Dijon; it is named after the remarkable Canon Kir, whose long reign as mayor of Dijon was marked by a series of spectacular public works designed to make the town a better place to live in. At a more mundane level, the drink *un vin blanc cassis* (see p. 47), reputedly a favourite with the Canon, has become affectionately known as *un kir*.

la maison de la culture

Over the last ten years or so, several large French towns have acquired prestigious, well-equipped cultural centres, financed jointly from local and state sources. *Une maison de la culture* usually includes a large theatre/concert hall, smaller halls, exhibition galleries, reading rooms and, of course, bars and restaurants. It must not be confused with *les Maisons des jeunes et de la culture* (MJC), which are far more numerous, and are roughly what we know as youth clubs.

Maison de la
Culture, Amiens

1
Verbs

You should now be able to use the following verbs:

être (be)

| je suis | *I am* |
| vous êtes | *you are* |

il ⎫
elle ⎬ est   *he / she / it* — *is*
c' ⎭

ils ⎫ sont   *they are*
elles ⎭

avoir (have)

| j'ai | *I have* |
| vous avez | *you have* |

vouloir (want)

| je voudrais | *I'd like* |
| vous voulez | *you want* |

and the all-purpose forms:

il y a	*there is/there are*
voici	*here is/here are*
voilà	*there is/there are*

remember too:

je ne sais pas	*I don't know*
je m'appelle . . .	*my name is . . .*
vous vous appelez . .	*your name is . . .*

2
Questions . . . and answers

There are various ways of asking questions, depending on the kind of information you want.

A If you just want the answer 'yes' or 'no'

a) Intonation: the pitch of the voice rises at the end of the sentence.
Vous avez des croissants?

b) Inversion
Avez-vous des croissants?

c) Add **est-ce que**
Est-ce que vous avez des croissants?

Oui, j'ai des croissants.
Non, je n'ai pas de croissants.

d) Put **n'est-ce pas** at the end of the sentence.
Vous avez des croissants, **n'est-ce pas?**

B Asking for more details

names

Comment vous appelez-vous?   Je m'appelle Béatrice.

identities
people: qui est-ce?   C'est Pierre Cardin.
things: qu'est-ce que c'est?   C'est la Tour Eiffel.

description
Il est comment?   Il est petit.
Elle est comment?   Elle est grande.

location

Où est le musée?	Le musée est dans le Palais des Ducs.
Où sont les grands magasins?	Les grands magasins sont (dans la) rue de la Liberté.

prices

C'est combien?	C'est ⎫
Ça fait combien?	Ça fait ⎬ deux francs.

which?

Quelle couleur	voulez-vous? Je voudrais	la veste verte.
Quel genre de moutarde		de la moutarde forte.

2
Negatives

Verbs can be made negative by using **ne** . . . **pas** (or **n'** . . . **pas** before a vowel):

C'est de Gaulle.	Ce **n'**est **pas** de Gaulle.
J'ai l'adresse.	Je **n'**ai **pas** l'adresse.
Je sais.	Je **ne** sais **pas**.

NB Often in conversational French the **ne** isn't pronounced.

You can also use the negative **ne** . . . **plus** which implies that something is *no longer* the case.

De Gaulle **n'**est **plus** président	De Gaulle is no longer the president (*but he was once*)
Je **n'**ai **plus** de vin	I've got no wine left (*but I had some earlier*)

4
Nouns

You can add information to nouns in the following ways:

the/a
The words for 'the' and 'a' vary according to the gender of the noun they accompany:

masculine	feminine
le vin	la bière
un vin	une bière

In the plural the word for 'the' is always **les**, irrespective of gender:

les vins   les bières

De (*of*) combines with **le**, **la** and **les** as follows:

de + le = **du**   la photo **du** prince

de + la = **de la**   le centre **de la** ville
de + les = **des**   le prix **des** bananes

Note how **à** also combines with **le**, **la** and **les**:

à + le = **au**   de la moutarde **au** vin blanc
à + la = **à la**   un yaourt **à la** fraise
à + les = **aux**   une tarte **aux** pommes

Before words beginning with a vowel sound (a, e, i, o, u and often h) **le** and **la** shorten to **l'**:

l'industrie
la photo de l'acteur
des sardines à l'huile

Singular			Plural
Masc	Fem	M or F before vowel	Masc/Fem
un	une	un/une	des
le	la	l'	les
du	de la	de l'	des
au	à la	à l'	aux

quantities

One   **un** croissant   **une** baguette
More than one **deux** croissants **trois** baguettes

un kilo		sucre
un litre		bière
un peu	**de**	vin
beaucoup		fromage
pas		babas

Some   **du** sucre
       de la bière
       de l'argent
       des bananes

descriptions
Adjectives *agree* in gender and number with the noun they describe i.e. if the noun is feminine the adjective is feminine too; if the noun is plural, so is the adjective:

un homme intelligent
une femme intelligent**e**
deux hommes intelligent**s**
deux femmes intelligent**es**

Not all adjectives change in the same way as **intelligent**. See table p. 144.

Normally adjectives come *after* the noun (like **intelligent** above) but some very common ones come *before*

petit, grand, vieux, bon, mauvais, joli, gros

un **petit** café
une **jolie** fille

Nouns can be linked, often with **de**...

une question **d**'histoire
le pâté **de** campagne

... but also with **à** and other link words

de la moutarde **à** deux francs
du sucre **en** paquet

This is how you can build up information:

la confiture
de la confiture
un pot de confiture
un grand pot de confiture
un grand pot de confiture à la fraise
un grand pot de confiture à la fraise à 5 francs

le président
le président de la république
le vieux président de la république
le vieux président de la république française

Try your skill

Every sixth chapter there will be a chance for you to test whether you have mastered the main elements of the language introduced so far. Check your answers on p. 149 — you'll also find a page reference for revising anything you're not sure about.

1

Choose one of the three alternatives according to which one fits the context.

1 Qui est-ce? C'est
| l'Hôtel Central.
| la confiture.
| Catherine Deneuve. '

2 Monsieur Lécuyer est
| architecte. '
| un architecte.
| moi.

3 Vous vous appelez
   Vous êtes | de la bière? '
   Vous avez

4 Comment vous appelez-vous?
| Un dentiste.
| L'avenue Foch.
| Joseph Bertin. '

5 Madame Saran est
| française. '
| la Française.
| français.

6   Il y a
    Je voudrais ` | un litre de bière, s'il vous plaît.
    C'est

7   Qu'est-ce que c'est? | L'infirmière.
                           | Un paquet de café.
                           | Magnifique.

8   Il est
    Je m'appelle   ` Sylvie Legrand.
    Elle

9   Anne est comment? | Elle est dans la rue.
                        | Elle est ici.
                        | Elle est grande et élégante.

10 Qu'est-ce que vous prenez? | La gare de Lyon, s'il vous plaît.
                                 | Un grand café noir, s'il vous plaît.
                                 | Madame Latrombe, s'il vous plaît.

11 ` Il y a
    Je sais | une pharmacie dans le quartier, s'il vous plaît?
    Voici

12 Il est
    ` Ça fait | combien?
    Je suis

13 Où est la cathédrale? | Elle est grande.
                            | Avec Madame Latrombe.
                            | Place Voltaire.

14 Où est à la gare? | Je vous en prie.
                        | Désolé, je n'ai plus de baguettes.
                        | C'est tout droit.

15 Comment | je m'appelle Pierre.
              | vous appelez-vous?
              | avez-vous?

16 Merci beaucoup. | Je vous en prie.
                      | Qu'est-ce que vous voulez?
                      | Si vous voulez.

17 Ça fait combien? | Ça va.
                       | Ça fait douze francs.
                       | Ça fait une banane et trois oranges.

18 Vous êtes d'ici? | Non, je suis de Paris.
                       | Non, je suis dentiste.
                       | Non, je suis timide.

19 Monsieur et Madame Lebrun | est / sais / sont | français.

20 Il y a un café près d'ici? | Non, merci. / Oui, dans le lac Kir. / Oui, près de la gare.

21 Est-ce qu'il est français? | Il est architecte. / Oui, bien sûr. / C'est Monsieur Dunod.

22 Je voudrais une baguette, s'il vous plaît | Oui, un litre, ça va? / Je n'ai plus de pain. / Je vous en prie.

23 L' | architecte / docteur / infirmière | est | riches. / anglaises. / anglais.

24 Je voudrais | de / de la / du | pain, s'il vous plaît.

25 Où | sont / est / a | la gare? Je ne | suis / voudrais / sais | pas.

26 Je ne sais pas / Je n'ai pas / Je voudrais | de croissants.

27 Avez-vous du yaourt | à la / à / aux | framboise, s'il vous plaît?

28 Désolée, je n'ai plus | de / des / les | yaourts.

29 Est-ce qu' | c'est / il y a / vous avez | un café près d'ici?

30 Ça va? | Là-bas, derrière la cathédrale. / Très bien, merci. / Ensemble.

2

Fill in the blanks with the appropriate words or expressions.

Monsieur et Madame Dumas sont _français_. Ils _sont_ de Dijon. Monsieur Dumas _est_ architecte et Madame Dumas est _dentiste_, alors _ils_ sont assez _riches_. La maison des Dumas est _grande_, _elle_ est à l'extérieur _de la_ ville. _C'est_ une maison moderne avec _un_ grand salon, _une_ salle-à-manger et quatre _grandes_ chambres. Près de la maison _il y a_ un garage pour deux _voitures_.

Missing elements:

de la	il y a	français	dentiste	un
grandes	voitures	riches	ils	elle
sont	est	c'est	une	grande

3

Madame Dumas est à l'épicerie . . .

Mme Dumas Bonjour _monsieur_.
L'épicier Bonjour madame. _Vous désirez_ ?
Mme Dumas Je voudrais _de la_ bière, s'il vous plaît.
L'épicier Un litre _de_ bière, ça va ?
Mme Dumas Très bien, merci. _Avez-vous_ des bananes ?
L'épicier Voici un kilo de bananes. Et avec ça ?
Mme Dumas _Je voudrais_ aussi _des_ sardines.
L'épicier Désolé, madame, _je n'ai plus_ de sardines.
Mme Dumas Tant pis. Oh, je voudrais _de la moutarde_.
L'épicier J'ai _un petit pot de la_ moutarde forte ou de la moutarde _douce_.
Mme Dumas _____ de moutarde forte, alors.
L'épicier Voilà madame. C'est tout ?
Mme Dumas _Oui. C'est tout_, merci. Ça fait _combien_ ?
L'épicier Quatorze francs, s'il _vous plaît_.
Mme Dumas _Voilà_ cent francs.
L'épicier Vous avez de la monnaie ?
Mme Dumas _Désolée_, je n'ai pas _de_ monnaie. Ah _voilà_ ! Voici vingt francs.
L'épicier Ça va mieux ! Voici six francs. _Merci madame_. Au revoir.
Mme Dumas _Au revoir_, monsieur.

Missing elements:

Vous désirez	si	de la moutarde
Oui. C'est tout	des	monsieur
Désolée	Au revoir	combien
de la	je n'ai plus	de
Je voudrais	de	de la
vous plaît	Voilà	Un petit pot
Merci madame	douce	Avez-vous

Saying what you'd like to do

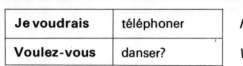

Je voudrais	téléphoner	*I'd like to telephone*
Voulez-vous	danser?	*Would you like to dance?*

Télévision

Vincent, a painter, in his studio. Delphine, an aspiring model, knocks at the door.

Delphine Bonjour . . . Je voudrais parler à monsieur Lacroûte.
Vincent C'est moi. Qu'est-ce que vous voulez?
Delphine *(shyly)* Vous voulez bien un modèle? (*She shows him a newspaper cutting which says 'Artiste cherche modèle'*)
Vincent Ah oui! Vous êtes modèle?
Delphine Oui . . . enfin . . . non . . . c'est la première fois.
Vincent Bon. Entrez.
In the studio.
Vincent Comment vous appelez-vous?
Delphine Je m'appelle Delphine.
Vincent Eh bien Delphine, voulez-vous enlever vos vêtements?
Delphine Est-ce que c'est nécessaire?
Vincent Ce n'est pas nécessaire, c'est indispensable!
Delphine Tout?
Vincent Tout! (*She goes behind a screen and starts to undress*).
Delphine Excusez-moi, monsieur. C'est combien la séance?
Vincent C'est vingt francs. Ça va?
Delphine Oui. (*She emerges in her underwear.*)
Vincent C'est tout?
Delphine Pour vingt francs c'est tout. Brrr! J'ai froid.
Vincent Ah bon! Par ici.
He places her in an awkward modelling position. During a long period of agony Vincent repeatedly refuses her requests.
Delphine Je voudrais fumer une cigarette, c'est possible?
Vincent Mais non!
Five minutes later.
Delphine Oh j'ai faim. Je voudrais manger quelque chose.
Vincent Impossible!
Ten minutes later.
Delphine Oh, j'ai soif. Je voudrais boire quelque chose.
Vincent Pas encore. Ce n'est pas fini.
An hour later, when the painting is finished, Delphine collects her twenty francs and asks to see the masterpiece.
Delphine Je voudrais voir.
Vincent Si vous voulez.
It isn't quite what she expected.

Expressions	vous voulez bien un modèle?	*you do want a model, don't you?*
	c'est la première fois	*it's the first time*
	entrez	*come in*
	j'ai froid	*I'm cold*
	j'ai faim	*I'm hungry*
	j'ai soif	*I'm thirsty*

Télévision

Les Aventures de Renard

Vous êtes libre?
Voulez-vous sortir
avec moi ce soir?

Perrette, the milkmaid, is milking a cow.

Perrette	(*to herself*) Dix litres de lait, ça fait combien?
Cow	Neuf francs!
Perrette	(*to cow*) Merci! (*to herself*) Avec ça je voudrais acheter des poules.
	She rides off to market with the milk on her bicycle. She begins to day-dream and sees herself on a market-stall selling eggs.
Perrette	(*shouting*) Des oeufs frais! Six francs la douzaine! Les oeufs c'est la santé!
	She's soon sold all her eggs. The day-dream fades. Perrette is still cycling. A little bird perches on her shoulder.
Perrette	(*to herself*) Dix douzaines d'oeufs, ça fait combien?
Bird	Soixante francs, c'est peu!
Perrette	Cent douzaine d'oeufs, ça fait combien?
Bird	Une fortune! Six cents francs!
Perrette	Avec ça je voudrais aller en ville.
Bird	Et puis?
Perrette	Je voudrais acheter une jolie robe.
Bird	Et puis?
	She sees herself at the station.
Perrette	Paris, s'il vous plaît.
Ticket-clerk	Un aller-retour?
Perrette	Non, un aller simple.
Ticket-clerk	Petite folle! Vous voulez aller à Paris?
Perrette	Oui. Je voudrais voir Paris, marcher sur les quais de la Seine . . .
	She dreams she is on the banks of the Seine. Roger, the ram, approaches her.
Roger	Mademoiselle, vous êtes libre? Voulez-vous sortir avec moi ce soir?
	Then follows a quick series of vignettes.
Roger	(*in Montmartre*) Voulez-vous danser avec moi? . . . (*near St. Tropez*) . . . Voulez-vous aller à St. Tropez avec moi? . . . (*seeing a film clip*) . . . Voulez-vous jouer dans mon prochain film? . . . (*in front of Notre Dame*) . . . Voulez-vous être ma femme?
	Overcome by emotion, Perrette falls off the bicycle. The milk spills. Renard comes along and tries to console her.
Renard	Vous êtes libre? Voulez-vous sortir avec moi ce soir?

Expressions	les oeufs c'est la santé!	eggs for health!
	et puis?	and then? then what?
	un aller-retour	a return ticket
	un aller simple	a single ticket
	petite folle	you little fool
	Voulez-vous jouer dans mon prochain film?	would you like to be (lit. to act) in my next film?

L'Amour de la Vie — Résumé

'Adieu Nathalie' — 'Farewell Nathalie'

Nathalie gives the disappointed **Michel** a lift from the *Fondation Maeght* to *Cagnes-sur-Mer* where he buys a new sleeping bag at a seaside shop.

Michel's farewell from **Nathalie**, made inevitable by her uncle's inability to help him, is tearful, but he is not left penniless . . .

Radio

1

Annick Magnet has gone to meet Jean Maisonnave at his hotel. In fact they'd only met once, so it's not surprising Annick got his name slightly wrong . . .

Annick	Bonjour madame. J'ai rendez-vous avec monsieur Maisonneuve. Est-ce qu'il est là, s'il vous plaît?
La réceptionniste	Oui madame. C'est de la part de qui, s'il vous plaît?
Annick	Madame Magnet.
La réceptionniste	Madame Magnet, oui. Un petit instant. (*She phones his room*) Oui, Monsieur Maisonneuve? Madame Magnet est à la réception. Oui, entendu monsieur. (*to Annick*) Oui, Monsieur Maisonneuve arrive tout de suite. Vous voulez l'attendre au bar?
Annick	Oui. Merci beaucoup.

2*

Annick has a nine o'clock appointment at the town hall with the attachée de presse, Madame Delarue. First she called at reception.

Annick	Bonjour madame.
L'hôtesse	Bonjour madame.
Annick	Je voudrais voir Madame Delarue, s'il vous plaît.
L'hôtesse	Oui madame. Avez-vous un rendez-vous, madame?
Annick	Oui. J'ai rendez-vous à neuf heures.
L'hôtesse	C'est de la part de qui, madame?
Annick	De la part de Madame Magnet.
L'hôtesse	Voulez-vous attendre un petit instant s'il vous plaît?
Annick	Oui.

L'hôtesse	(*She rings up Madame Delarue*) Allô, Madame Delarue? Oui. Madame Magnet est là. Oui, merci madame. (*She hangs up*) Voulez-vous monter, madame? Le bureau de Madame Delarue est au troisième étage. L'ascenseur est juste à votre droite.
Annick	Merci beaucoup, madame.
L'hôtesse	Je vous en prie, madame.

3*

Later on she wanted to see Monsieur Legrand. As it turned out, he wasn't in . . .

L'hôtesse	Bonjour madame.
Annick	Bonjour mademoiselle. Je voudrais parler à Monsieur Legrand s'il vous plaît.
L'hôtesse	Oui madame. C'est de la part de qui?
Annick	De la part de Madame Magnet.
L'hôtesse	Voulez-vous patienter un instant? (*Dials M. Legrand's office*) Allô? Bonjour mademoiselle. Est-ce que Monsieur Legrand est là, s'il vous plaît? Merci mademoiselle. (*She hangs up*) Monsieur Legrand n'est pas là, madame. Voulez-vous laisser un message?
Annick	Oui s'il vous plaît.

4

Jean had a couple of long-distance telephone calls to put through— first to Besançon.

Jean	Bonjour madame.
La téléphoniste	Bonjour monsieur.
Jean	Je voudrais téléphoner à Besançon, s'il vous plaît.
La téléphoniste	Ah oui, quel numéro, s'il vous plaît?
Jean	Le soixante-quatre, zéro six, vingt-deux. (64.06.22)
La téléphoniste	Merci. Alors, le soixante-quatre, zéro six, vingt-deux, n'est-ce pas?
Jean	C'est ça.
La téléphoniste	(*dials*) Ah, je m'excuse monsieur, votre numéro est occupé.
Jean	Oh, j'attends.

5*

But he had more luck with his call to Paris . . .

Jean	Bonjour madame.
La téléphoniste	Bonjour monsieur.
Jean	Je voudrais téléphoner à Paris, s'il vous plaît.
La téléphoniste	Ah oui, monsieur. C'est quel numéro, s'il vous plaît?
Jean	Six cent trente-trois, quinze, trente-huit. (633.15.38)

La téléphoniste	Six cent trente-trois, quinze, trente-huit, n'est-ce pas?
Jean	Oui.
La téléphoniste	Vous voulez patienter s'il vous plaît? (*dials*) Allô? Paris? Ne quittez pas, s'il vous plaît, on vous parle. Cabine deux, monsieur, s'il vous plaît.
Jean	Merci bien.

Expressions

est-ce qu'il est là?	*is he in?*
c'est de la part de qui?	*what name is it?* (see notes p. 81)
entendu	*certainly* (lit. *'understood'*)
un petit instant	*one moment please*
vous voulez l'attendre au bar?	*will you wait for him in the bar?*
j'ai rendez-vous à neuf heures	*I've an appointment at nine*
au troisième étage	*on the third floor*
voulez-vous patienter?	*do you mind waiting?*
j'attends	*I'll wait*
ne quittez pas . . . on vous parle	*hold the line . . . there's a call for you.*

Explications

1

Je voudrais I'd like . . .

Voulez-vous . . . ? Would you like . . .?/Will you . . . ?

Je voudrais is used to ask for *things* you would like (Chapters 4 and 5). You also use it to say what you'd like *to do*.

Je voudrais	aller à Paris	*to go to Paris*
	parler à M. Legrand	*to speak to M. Legrand*
	téléphoner à Besançon	*to telephone Besançon*

Voulez-vous is a polite way of asking someone if they'd like to do, or if they'd mind doing, something or other.

Voulez-vous	laisser un message?	*to leave a message*
	attendre un instant?	*to wait a moment*
	danser?	*to dance*
	être ma femme?	*to be my wife*

2
My/your

The words for 'my' are **mon**, **ma** and **mes**, and 'your' is **votre** or **vos**. Like other adjectives they agree with the noun they accompany.

THE	MY	YOUR
le l'	mon	votre
la	ma	
les	mes	vos

sing

plural

le / mon / votre	porte-monnaie	l' / mon / votre	argent (M) / orange (F)
la / ma / votre	voiture	les / mes / vos	croissants (M) / baguettes (F)

3
Moi
Moi means 'me'
a) After prepositions:
Voulez-vous sortir avec **moi**?

b) After c'est:
Qui est-ce? C'est **moi**.
It is also used for emphasis. (See note 7 p.46)

4
J'ai faim
For the basics of existence — hunger and thirst, heat and cold, French uses **avoir** where English has *be*.

j'ai faim: I'm hungry
vous avez soif: you're thirsty
il a chaud: he's hot
elle a froid: she's cold

5
Making contact
If you want to see someone in a hotel or an office, you'll probably begin at reception, where you'll see **l'hôtesse** or **la réceptionniste**.

She'll ask who you are:
C'est de la part de qui?

and if you have an appointment:
Avez-vous un rendez-vous?

If there's any delay she'll ask you to wait:
Un instant, s'il vous plaît.
Voulez-vous attendre?
Voulez-vous patienter? etc.

If the person isn't there she may ask you to leave a message:
Voulez-vous laisser un message?

If you're getting in touch by telephone you'll probably hear all these expressions, plus
Ne quittez pas (hold the line)

and if you're unlucky you may hear — or you may want to say —

	parler plus fort? (speak louder)
Voulez-vous	**parler plus lentement?** (speak more slowly)
	répéter? (repeat that)

Artiste cherche modèle

When every word costs money, as in telegrams or in small advertisements, the message is pared down to the minimum. Strictly speaking the correct form would have been *Un artiste cherche un modèle*, but that would have cost 40% more. (Even the word *artiste* was only kept to show what sort of model was required.) When it's obvious what sort of customer is advertising, you don't specify; for instance, if you were looking for a three-room flat in the Latin Quarter, you'd put in something like: *Cherche appartement trois pièces quartier latin* – in full, *une personne cherche un appartement de trois pièces dans le quartier latin.* You'll find a more fanciful example on p. 52.

Metric?

In spite of the metric system eggs, oysters and snails are still sold by the dozen – *une douzaine* (often shortened to *la douz.* on price labels), or the half dozen – *une demi-douzaine. Une dizaine, une vingtaine* and *une centaine* mean *approximately* 10, 20 and 100 respectively.

Une douzaine d'huîtres . . . ?

On the telephone

You can make local calls from public boxes (though there are far fewer in France than in Britain) and from most cafés, but you may have to use a special token – *un jeton* – which you buy in tobacconists, metro stations or post offices for public telephones, or at the cash desk for café telephones. Some public boxes take coins. You find out by trial and error. While most long-distance and international calls can be dialled direct from private telephones, outside it's usually best to go to the post office. At a special desk you will find a telephonist who notes down the number and dials it, and when the other end answers, tells you which booth (*la cabine*) to go to. You pay when the call is finished.

Telephone numbers

In Paris there are seven-digit numbers, split up 435.43.00. You treat each group as if it were a separate whole number and not a series of single figures — and 0 is *zéro*. In other cities numbers are six digits, 85.45.80. If it is a smaller exchange, e.g. Auzeilles 24, ask for 'le vingt-quatre à Auzeilles' (and be ready to say which *département* Auzeilles is in). If you are worried by numbers, there's a simple solution: write the number down and hand it to the operator with a smile.

... au troisième étage

Press the button marked 3 in a French lift and you will end up on the third floor. Press the button marked RC and you will come back to the ground floor — *le rez-de-chaussée*. SS stands for *le sous-sol* — the basement. In a really big building there are often two or three basements, numbered like the upper storeys. Often there is a mezzanine between *le rez-de-chaussée* and *le premier étage*: this is *l'entresol*.

la séance

La séance isn't restricted to fortune-telling or psychic research, as it is in English. *Une séance* is really any sort of sitting: a model for an artist, a committee, even a physiotherapy session. It is also the word for a showing in a cinema.

Exercices

1

You're day-dreaming. An acquaintance can't quite believe you, so tell her you *would* like to do all these things.

Vous voulez quitter le village? Oui, **je voudrais** quitter le village.

1 Vous voulez aller à Dijon?
2 Vous voulez marcher dans les vieilles rues?
3 Vous voulez visiter le Musée des Beaux-Arts?
4 Vous voulez voir le Palais des Ducs?
5 Vous voulez acheter de la moutarde?
6 Vous voulez boire du vin de Bourgogne?
7 Vous voulez bien manger?

2

Now it's Mme Latrombe's turn to day-dream. You're so amazed you repeat what she says . . .

Je voudrais partir! — Comment, **vous voulez** partir?

1   Je voudrais aller à Paris.
2   Je voudrais acheter une robe de Dior.
3   Je voudrais marcher sur les quais de la Seine.
4   Je voudrais visiter les musées.
5   Je voudrais voir les magasins.
6   Je voudrais monter au Sacré Coeur.
7   Je voudrais parler au président.
8   Je voudrais manger au restaurant.
9   Je voudrais danser avec Sacha Distel.
10 Je voudrais être Jean-Paul Sartre.

3

You're off on a trip. You're notoriously absent-minded, so a kind friend is checking you haven't forgotten anything. Answer the questions . . .

Vous avez un porte-monnaie? — Oui, voici mon porte-monnaie.
1 Vous avez une carte d'identité?
2 Vous avez des chaussettes?
3 Vous avez un pantalon?
4 Vous avez une veste?
5 Vous avez de l'argent?
6 Vous avez un passeport?
7 Vous avez des cigarettes?
8 Vous avez un sac?
9 Vous avez un plan?
10 Vous avez une pellicule?

4

You're Mme Doubs, a high-powered business woman and you've just arrived for the day's first appointment. You're at the reception desk.

L'hôtesse	Bonjour, vous désirez?
Vous	(say you've an appointment with Mme Labiche)
L'hôtesse	Madame Labiche . . . C'est de la part de qui?
Vous	(say who you are)
L'hôtesse	Voulez-vous patienter un instant?
Vous	(yes, of course)
L'hôtesse	(on phone) Allô? Madame Labiche? Mme Doubs est à la réception . . . Oui, merci madame. (to you) Voulez-vous monter?
Vous	(yes thank you. Where is the office please?)
L'hôtesse	C'est au troisième étage.
Vous	(recap to make sure. Is there a lift?)
L'hôtesse	Oui. Vous avez l'ascenseur là, en face.
Vous	(thanks, goodbye)
L'hôtesse	Je vous en prie.

5

Now for your next appointment.

L'hôtesse	Bonjour madame, vous désirez?
Vous	(you want to speak to Monsieur Papeau please)
L'hôtesse	C'est de la part de qui, s'il vous plaît?
Vous	(say who you are)
L'hôtesse	Vous avez un rendez-vous?
Vous	(yes, for nine o'clock)
L'hôtesse	Un instant, s'il vous plaît. (phones) Allô? Est-ce que Monsieur Papeau est là? Monsieur Papeau? Madame Doubs est à la réception. Merci monsieur. (to you) Monsieur Papeau arrive tout de suite. Voulez-vous attendre?
Vous	(of course, thanks)
L'hôtesse	Je vous en prie.

6

This time you're less lucky . . .

L'hôtesse	Bonjour, vous désirez ?
Vous	(you'd like to see Mlle Désirée please)
L'hôtesse	C'est de la part de qui ?
Vous	(tell her your name)
L'hôtesse	Un petit instant. (*phones*) Allô ? Est-ce que Mlle Désirée est là ? Bon. Merci. (*to you*) Je suis désolée. Mlle Désirée n'est pas là.
Vous	(you'd like to leave a message please)
L'hôtesse	Mais bien sûr. (*you write it out*)
Vous	(thanks — hand her the message)
L'hôtesse	Merci bien. Au revoir.
Vous	(goodbye).

Getting directions and going places

Pour aller	à Paris à la gare au château	s'il vous plaît ?

How do I get to ... ?

A field near Domrémy. Jeanne d'Arc is praying. She hears the voice of God – la voix de Dieu.

La voix de Dieu	Jeanne, Jeanne, vous allez arrêter l'invasion anglaise.
Jeanne	Oui, mais où sont les Anglais ? Où sont-ils ?
La voix de Dieu	Ils sont à Reims.
Jeanne	(*uncertain*) Et pour aller à Reims ?
La voix de Dieu	Vous allez à Domrémy et vous continuez tout droit. C'est simple.

At Reims. Jeanne is now in full armour. She stops a soldier – un soldat.

Jeanne	Je voudrais trouver les Anglais.
Le soldat	Mais ils ne sont pas là. Ils sont à Chinon.
Jeanne	Et pour aller à Chinon ?
Le soldat	Vous prenez la première à gauche et vous continuez tout droit. C'est très simple.

Jeanne looks hopelessly lost. A sign says 'Marseille – 12km.'
She approaches a woman in eighteenth-century dress.

Jeanne	Pardon madame, pour aller à Chinon, s'il vous plaît ?
La femme	(*casually*) Vous traversez le pont, vous prenez la première route à droite, et c'est toujours tout droit. C'est très, très simple.
Jeanne	Merci beaucoup, madame.

By a sign 'Chinon – Centre-ville' Jeanne approaches a man in modern dress.

Jeanne	Pour aller au château, s'il vous plaît ?
L'homme	Vous êtes en voiture ?
Jeanne	Non, à pied.
L'homme	Alors au tea-room vous prenez la rue à gauche. A un kilomètre il y a un pub, à deux kilomètres un snack-bar. Le château est en face du snack-bar. Il y a un très grand parking. C'est très, très simple.
Jeanne	(*confused*) Tea-room ? Pub ? Snack-bar ? Parking ? Merci monsieur. (*She sets off.*)

Jeanne arrives at last in front of the château. She is jostled by a party of English tourists.

Jeanne	Mon Dieu ! J'arrive trop tard. Les Anglais sont partout.

Expressions

vous allez arrêter l'invasion anglaise	*you are to go and stop the English invasion*
tout droit	*straight ahead*
à un kilomètre	*a kilometre further on*

Télévision

Les Aventures de Renard

On a fine day Renard is off for some rough shooting. He asks M. Leloup, the gendarme, the way.

Renard	Bonjour monsieur l'agent, pour aller à la forêt, s'il vous plaît ?
Leloup	Vous sortez de la ville et vous continuez tout droit. Vous allez à la chasse ?
Renard	Oui, au revoir.
Leloup	Moi aussi, je voudrais aller à la chasse.
	Renard finds a parking ticket on his car. Leloup approaches pompously.
Leloup	Ah, c'est à vous la voiture !
Renard	Oui, pourquoi ?
Leloup	(*officiously*) Pourquoi? Carte d'identité, permis de conduire, assurance et carte grise! (*He slowly inspects Renard's documents.*)
	A long time later.
Renard	C'est tout ?
Leloup	Non, ce n'est pas tout. Stationnement interdit, cent francs !
Renard	(*driving off*) Sale flic !
	Renard, still furious, is looking for a good place to shoot. He crosses a small bridge and comes across Eustache, the landowner, preparing a trap.
Renard	Excusez-moi, monsieur, il y a de beaux lapins par ici ?
Eustache	Pas ici ! De l'autre côté du pont ! Ici la chasse est interdite (*Points to sign 'Chasse interdite'. Finishes off his trap and departs.*) Attention, messieurs les chasseurs!
	Renard has an idea! He covers the 'Chasse interdite' sign, hurries back to the village where he buys a brace of fine rabbits, then saunters past the gendarme's house displaying them.
Mme Leloup	Quels beaux lapins! Ils sont chers?
Renard	Pour un bon chasseur c'est gratuit. Vous voulez mon secret? (*He quickly draws a sketch-map.*) Vous allez à la rivière. Vous traversez le petit pont. Et c'est là.
Mme. Leloup	Merci beaucoup.
	The information soon reaches M. Leloup.
M. Leloup	(*to Mme Leloup*) Alors, je vais à la rivière, je traverse le petit pont (*pats his gun*), et puis . . . messieurs les lapins, attention!

Bonjour monsieur l'agent, pour aller à la forêt, s'il vous plaît?

	M. Leloup follows these instructions to the letter. He
	crosses the bridge and gets caught in the trap.
Leloup	Aïe!
Renard	(*Watching from a safe distance*) Chasse interdite,
	minimum cinq cents francs!

Expressions

c'est à vous la voiture?	*is that your car?*
la carte grise	*car log book* (lit. *grey card*)
sale flic!	*lousy cop!*
de l'autre côté du pont	*on the other side of the bridge*
quels beaux lapins!	*what fine rabbits!*

L'Amour de la Vie – Résumé

'Le paradis des malins' – 'Shark's paradise'
The port of *Marseille*. **Michel**, accompanied by a fellow hitchhiker, **Gérard**, a Swiss carpenter, tries unsuccessfully for a job on the pleasure cruises operating from the *Vieux Port*.
Michel's visit to the basilica of *Notre Dame de la Garde* leaves him unexpectedly penniless. . . .

Radio

1

To find your way around a strange town you'll probably have to stop passers-by to ask for directions. Jean, for example, was wanting to get to the station . . .

Jean	Pardon mademoiselle, pour aller à la gare, s'il vous plaît?
Une femme	Bon alors, vous allez tout droit, vous traversez la place Darcy, vous continuez la rue Foch et c'est devant vous.
Jean	Merci bien.
Une femme	Je vous en prie.

2*

. . . and to the Hôtel Central . . .

Jean	Pardon madame, pour aller à l'Hôtel Central, s'il vous plaît?
Une femme	Alors, vous sortez du passage, vous traversez la place Darcy, vous descendez la rue de la Liberté et aux feux rouges vous tournez à droite et vous avez l'hôtel sur votre gauche.
Jean	Merci beaucoup.

3*

. . . and then he had to find a chemist's . . .

Jean	Pardon madame, est-ce qu'il y a une pharmacie par ici, s'il vous plaît?
Une femme	Oui monsieur, très près. Vous descendez la rue de la Liberté et vous avez une pharmacie sur votre droite à cinquante mètres.
Jean	Merci bien.

4*

The chemist's was closed, so . . .

Jean	Pardon monsieur, est-ce qu'il y a une pharmacie par ici, s'il vous plaît?
Un homme	Oui, vous traversez la place Darcy, vous prenez l'avenue du maréchal Foch, et c'est tout de suite sur votre gauche.
Jean	C'est loin?
Un homme	Non. A deux minutes à peine.
Jean	Merci bien.
Un homme	Je vous en prie.

5

But what if you're in a car and you want to go to Paris . . .?

Jean	Pardon madame, la route pour aller à Paris, s'il vous plaît?
Une femme	Vous êtes en voiture?
Jean	Oui, oui.
Une femme	Alors, vous prenez la première à droite, la seconde à gauche, et puis vous arrivez au centre ville et vous allez voir des panneaux direction Paris.
Jean	Très bien, alors, première à droite, seconde à gauche et ensuite c'est indiqué?
Une femme	Voilà.
Jean	Merci madame.

6*

. . . or to Lyon?

Jean	Pardon monsieur, la route de Lyon, s'il vous plaît?
Un homme	Vous êtes en voiture?
Jean	Oui, oui. Bien sûr.
Un homme	Eh bien, vous allez jusqu'à la place, ensuite vous prenez le troisième boulevard à droite.
Jean	Oui.
Un homme	Vous continuez jusqu'à des feux rouges. . . .
Jean	Oui.
Un homme	Aux feux rouges il y a des panneaux pour Lyon, par l'autoroute ou par la Route Nationale.
Jean	L'autoroute est à péage?
Un homme	Oui, oui.
Jean	Bien. Et par la Nationale?
Un homme	Par la Nationale vous suivez la direction de Beaune.
Jean	Très bien. Alors jusqu'à la place, la troisième à droite . . .
Un homme	Oui.
Jean	. . . et aux feux rouges c'est indiqué?
Un homme	C'est cela.
Jean	Très bien. Merci monsieur.
Un homme	Au revoir monsieur.

7

It isn't always convenient to drive, so Jean decided to find out about trains to Paris. At the station he found the desk marked Renseignements (*Information*)

Jean	Pardon monsieur, c'est combien un billet pour Paris, s'il vous plaît?
L'homme	En première ou deuxième classe, monsieur?
Jean	Deuxième classe, aller-retour.
L'homme	Alors deuxième aller-retour, quatre-vingt-seize francs (96F).
Jean	Merci bien.
L'homme	A votre service monsieur.

Expressions

je vous en prie	*you're welcome*
à deux minutes à peine	*two minutes at the most*
vous continuez jusqu'à des feux rouges	*you carry on till you come to some traffic lights*
c'est indiqué	*it's signposted*
à péage	*toll* (*see* les routes nationales *p. 92*)

Explications

1

Pour aller à la gare

Remember that **à** (*to* or *at*) combines with **le** and **les** as follows:
à + **le** = **au: au** théâtre
à + **les** = **aux: aux** feux rouges

If you ask **Où est la gare?** you'll normally be told where it is.
If you want *directions for getting there* the structure to use is:

Pour aller	à Paris à la gare au théâtre aux magasins	**s'il vous plaît?**

How do I get to	Paris the station the theatre the shops	please?

The instructions will be directed at *you*, so you'll hear verbs like:

vous allez — *you go*
vous continuez — *you carry on*
vous traversez — *you cross*
vous prenez — *you take*
vous tournez — *you turn*

Sometimes when people are giving directions they leave out the **vous**, and just say **allez, tournez** . . . etc. (*go, turn, etc.*)

2

The answers

a) *the general direction:*
tout droit—*straight ahead*
à droite—*to the right*
à gauche—*to the left*

b) *choose the right street:* ~~(rue) boulevard~~

la première		1st
la deuxième	à droite/à gauche	2nd	right/left
(or **la seconde**)		
la troisième		3rd

c) *landmarks on the way*

aux feux rouges		*at the traffic lights*	
à la place Darcy	vous tournez ...	*at place Darcy*	*you turn ...*
au café		*at the café*	

d) *how far?*

à	**500 mètres**	*500 metres*	*away*
	trois kilomètres	*3 kilometres*	

e) *how long does it take?*
à dix minutes à pied   *ten minutes on foot*
à vingt minutes en voiture   *twenty minutes by car*

3

Quel ... ! What a ... !

quel imbécile !   *what an idiot!*
quelle bonne idée !   *what a good idea!*
quels beaux lapins ! *what fine rabbits!*

4

Just where ?

To describe the exact position of something you can use words
which tell you where it is in relation to something else — **dans** (in)
sur (on) ... etc:

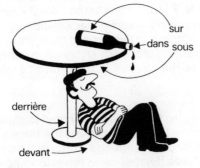

La bouteille est **sur** la table
Le vin n'est plus **dans** la bouteille
L'homme est **sous** la table

91

A number of other expressions use **de**

La mairie est loin **de** New York
Les cafés sont **près du** théâtre
La mairie est **à côté du** cinéma
Le théâtre est **en face de la** mairie

A propos...

Aller à la chasse

In France *la chasse* means going out on foot and shooting game. It has none of the élitist overtones hunting and shooting tend to have in Britain: anyone with the appropriate equipment and permits can, and does, shoot in France. Of course *la chasse* can also be run on expensive, exclusive lines, but this is by no means the only formula. In fact, this variety makes it more comparable to fishing in Britain.

Les feux rouges

In France traffic lights are thought of more as 'stop lights', hence *les feux rouges*, though in the day they run through a cycle of green-amber-red-green (no amber before green). Often at night they are replaced at crossroads by continually flashing amber lights which simply mean *Attention!* (take care!).

Les Routes Nationales

Les Routes Nationales correspond to British A roads, with a similar numbering system. Maybe the best-known is *la Route Nationale* 7 ('**la N.7**') from Paris to the Côte d'Azur. The equivalent of the British B roads are *routes départementales*, again numbered, but with a D. In addition to these roads there is a network of motorways — *les autoroutes* — which are often partly financed from private sources, so that they are usually run on a toll basis — *à péage*.

le franglais

French borrowing from English isn't limited to sport (see chapter 6). Over the last 20 years there has been a considerable influx of English into the language — referred to by purists as *le franglais*. Sometimes the new word refers to something previously unknown in France — *le snack-bar* (or even *le snack*), *le self-service* (or *le self*). Some *franglais* is more compact than the 'real' French — *le parking* instead of *le parc de stationnement*.

But often the English word is used only because it is considered an exotic status symbol (*un symbole de standing*) e.g. *le tea-room* alongside *le salon de thé*. In some cases the word and the thing undergo a sea change: just as a British café is most unlike a French café, in France *le pub* and *le drugstore* bear little resemblance to their British and American originals.

Un pub . . .

. . . et un drugstore

sale flic

In France, as everywhere else, there are a number of more or less uncomplimentary words for policemen. *Le flic* is fairly neutral — like *cop* — but you still wouldn't use it when speaking to *monsieur l'agent*. Expressions like *sale flic* are better thought, and left unsaid.

1

What's where?

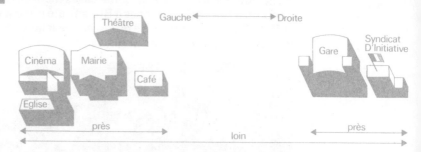

Answer the questions referring to the map.
> Le Syndicat d'Initiative est **près de** la Mairie?
> — Non, le Syndicat d'Initiative est **loin de** la Mairie.

1 Le cinéma est loin du théâtre?
2 La gare est à droite du Syndicat d'Initiative?
3 La Mairie est loin du Syndicat d'Initiative?
4 Le café est loin de la Mairie?
5 Le Syndicat d'Initiative est loin de la gare?
6 Le théâtre est loin de l'église?
7 Le Syndicat d'Initiative est à droite de la gare?
8 Le café est loin du théâtre?
9 Le cinéma est près du café?
10 L'église est près du Syndicat d'Initiative?

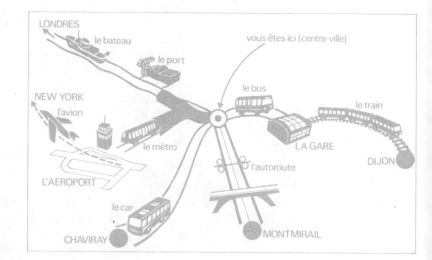

2

How to get there? You are in the town centre.
> Pour aller à la gare? — Pour aller à la gare, vous prenez le bus.

1 Pour aller à Dijon?
2 Pour aller à Londres?
3 Pour aller au port?

4 Pour aller à Chaviray?
5 Pour aller à Montmirail?
6 Pour aller à New York?
7 Pour aller à l'aéroport?

3

Starting from *centre ville*, where do things go from, and where to?
Use the word **va**: *goes*

Le bus va **du centre ville à la gare**.
1 Et le bateau?
2 Et le car?
3 Et l'avion?
4 Et l'autoroute?
5 Et le train?
6 Et le métro?

4

Now tell people how to get there.

Pour aller à Londres? — Vous allez à Londres? Prenez le bateau.
1 Pour aller à la gare?
2 Pour aller à Montmirail?
3 Pour aller à Chaviray?
4 Pour aller à l'aéroport?
5 Pour aller à New York?
6 Pour aller à Dijon?

5

HELP! You're looking lost in the town centre . . . Here comes a friendly-looking woman.

Vous	(stop her politely and ask how to get to the Dijon road please.)
La femme	La route de Dijon? . . . alors, vous allez tout droit; aux feux rouges vous tournez à gauche.
Vous	(yes: recap briefly)
La femme	Puis vous prenez l'avenue de Maine, et c'est à trois kilomètres.
Vous	(is it signposted?)
La femme	Oui, c'est indiqué place Thorez, 'direction Dijon'.
Vous	(good; it's easy; thanks; goodbye)
La femme	Je vous en prie. Au revoir.

6

You're waiting for the bus and are approached by a woman.

La femme	Pardon, est-ce qu'il y a une pharmacie dans le quartier, s'il vous plaît?
Vous	(in the neighbourhood, no; but there's a chemist on place Poincaré)
La femme	Très bien — mais pour aller place Poincaré? C'est loin?
Vous	(no; it's very near; 5 minutes' walk)
La femme	Tant mieux!
Vous	(tell her to cross rue de la République, take avenue Eugénie, it's the first right, then place Poincaré is 500 metres away.)

La femme	Donc, avenue Eugénie, première à droite, et c'est à cinq cents mètres, c'est ça?
Vous	(yes, that's it)
La femme	Merci bien – au revoir.
Vous	(you're welcome)

7

Then another stranger comes along.

L'homme	Pardon, pour aller au zoo, s'il vous plaît?
Vous	(is he in a car?)
L'homme	Oui, bien sûr. C'est loin?
Vous	(10 minutes in a car)
L'homme	Ah bon!
Vous	(you take avenue de la République, at the station you turn right, you turn left at place Gambetta – and then it's straight on)
L'homme	C'est indiqué?
Vous	(it's signposted at the station)
L'homme	Merci bien.
Vous	(you're welcome)

Radio

Compréhension

In every chapter from now on, apart from the revision chapters, we shall be including a radio interview in which the language used is slightly more advanced. Don't worry if you can't understand every word straightaway – the idea is for you to practise getting the general drift of a conversation in French. We suggest you first of all try listening to the radio without looking at the text, and see how much you can grasp. Then read the text without looking at the expressions at the end, and see how much more you understand. Finally, when you look at the expressions, you should understand it all. With practice it should become easier and easier . . .

Annick is seeing about renting a car.

Annick	Bonjour madame.
La femme	Bonjour madame.
Annick	Je voudrais louer une voiture s'il vous plaît.
La femme	Oui. De quel type, madame?
Annick	Une R5. C'est possible?
La femme	Oui, bien sûr. C'est pour combien de jours?
Annick	C'est pour une semaine. Vous avez un tarif?
La femme	Oui, bien sûr. Voilà.
Annick	Est-ce que l'assurance est comprise, s'il vous plaît?
La femme	Non, l'assurance est en plus. L'assurance pour une R5 fait 96 francs pour une semaine pour le conducteur, la voiture et les passagers. A partir de quand voulez-vous la voiture, madame?
Annick	Eh bien, à partir d'aujourd'hui.
La femme	Bon, c'est très bien.
Annick	Je voudrais laisser la voiture à Paris. C'est possible?
La femme	Oui, bien sûr.
Annick	C'est plus cher?
La femme	Non, le prix est le même. Voici une liste de nos stations à Paris.

Annick	Et maintenant, quels papiers voulez-vous ?
La femme	Votre permis de conduire et votre carte d'identité.
Annick	Voilà.
La femme	Merci beaucoup.

Expressions

de quel type ?	*what sort ?*
vous avez un tarif ?	*have you a price list ?*
l'assurance est comprise	*insurance is included*
l'assurance est en plus	*insurance is extra*
à partir de quand ?	*(starting) from when ?*

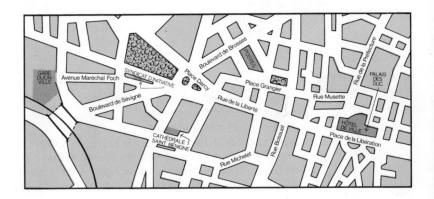

DIJON: Le
centre ville

97

Likes and dislikes

J'adore **Je préfère** **J'aime** **Je n'aime pas** **Je déteste**	Paris visiter Paris

Télévision

Paul and Virginie are at a café ordering drinks.

Paul	Qu'est-ce que vous prenez?
Virginie	Un citron pressé.
Paul	Et moi une bière.
Virginie	Bah! Je n'aime pas la bière. Je déteste ça.
Paul	(*to waiter*) Un citron pressé et une bière, s'il vous plaît. (*to Virginie*) Il y a un bon film à la télé ce soir.
Virginie	Je n'aime pas la télévision. Je préfère le théâtre.
Paul	Ah bon.
Virginie	Vous aimez la musique?
Paul	Oui, j'adore la musique de jazz.
Virginie	Jazz. Bah! Je préfère la musique classique.
Paul	Ah bon.
Virginie	Vous allez en vacances cet été?
Paul	Oui, dans les Pyrénées.
Virginie	Bah! La montagne, je n'aime pas ça. C'est trop fatigant. Je préfère la mer, le soleil.
Paul	Ah bon. *A street newsvendor passes.*
Paul	'L'Humanité' s'il vous plaît.
Virginie	Mais c'est un journal communiste! Quelle horreur! (*Paul pays for the paper, then fixes Virginie with a long stare.*)
Paul	J'aime la bière; vous n'aimez pas la bière. J'aime la télé; vous n'aimez pas la télé. J'aime le jazz; vous n'aimez pas le jazz. J'aime la montagne; vous n'aimez pas la montagne. J'aime 'l'Humanité'; vous n'aimez pas 'l'Humanité'. Voulez-vous être ma femme?

Expressions

qu'est-ce que vous prenez?	*what will you have?*
un citron pressé	(*see note p. 105*)
je déteste ça	*I hate it*
à la télé	*on telly*
ah bon	*really?*
quelle horreur!	*how dreadful!*

J'adore le soleil et
la plage

*Renard, Tardif, the tortoise and Brun, the bear are arguing about how
they like to go on holiday.*

Renard	Alors, pour les vacances qu'est-ce qu'on fait?
Brun	Moi, j'aime la voiture.
Tardif	Et la crise de l'énergie?
Brun	Bof!
Renard	Moi, je préfère l'auto-stop.
Tardif	Et moi, je préfère voyager en train.

*The next day our heroes appear on bicycles, and
stop at a sign that reads 'La mer 15 km. La
montagne 12 km. La campagne 150 m.'*

Renard	J'adore le soleil et la plage. Pourquoi pas la mer?
Brun	Je déteste l'eau et la foule. Pourquoi pas la montagne?
Tardif	Moi, je ne suis pas sportif. Pourquoi pas la campagne?

*They part company, each to his own pleasure,
Brun, whilst climbing a mountain, spots a bee-hive*

Brun	(to himself) Miam! Miam! Le miel! J'adore ça!

*As he tries to rob the hive the bees retaliate. He
tumbles down the mountain-side. A voice shouts
'Attention! Chute de pierres!'. . . Meanwhile Tardif
is preparing a meal in the woods.*

A passing snail	Qu'est-ce que vous faites là?
Tardif	Une omelette aux champignons.
Snail	Bon appétit!

Tardif starts to eat his omelette.

Tardif	(to himself) Ah! Ce feu de bois, ces champignons! J'adore la campagne, j'adore la nature!

Suddenly, he begins to feel very ill.

Tardif	Oh! je ne suis pas bien!

*At the hospital. Tardif and Brun are in adjacent
beds.*

Brun	J'aime bien la montagne, mais la prochaine fois je vais à la mer.
Tardif	Moi aussi.

*At the seaside Renard is sitting at a beach table
with a pretty woman. Nearby a game of* pétanque *is
in progress.*

Renard	(romantically) Cette mer, ce soleil, ces jolies femmes . . . (He takes a flower from a vase and strips it petal by petal.) Je vous aime . . . un peu . . . beaucoup . . . passionnément . . . à la folie . . . pas du tout . . . un peu . . . beaucoup . . . aïe!! (A boule lands on his foot. One of the players comes to retrieve it.)
Player	Excusez-moi, monsieur.
Woman	Heu! Renard, je vous présente mon mari!

Later, Renard joins his friends in hospital.

Brun et Tardif	Mais qu'est-ce qu'il y a?
Renard	Un accident de pétanque! La prochaine fois je vais en Angleterre!

la crise de l'énergie	*the energy crisis*
chute de pierres	*falling rocks*
qu'est-ce que vous faites là ?	*what are you making / doing ?*
je ne suis pas bien !	*I'm not well !*
la pétanque	*game of bowls (French version, see p. 105)*
je vous présente mon mari	*may I introduce my husband ?*
en Angleterre	*to England*

L'Amour de la Vie – Résumé

'Par ici, jeune homme' – 'Ask no questions . . .'

A traffic jam inspires **Michel** with an idea for an unconventional job of his own, driving a chemist's rep around town. However, just as he is perfecting his task as chauffeur-extraordinary his employer discovers he has to leave for Paris on business. He gives **Michel** an introduction to a market research company, where his first assignment is in a rather shady part of town, accosting a motley crowd of passers-by with his questionnaire. . . .

Radio

1*

Annick wanted to find out something about the likes and dislikes of French people. First of all she asked a woman about housework. . . .

Annick	Qu'est-ce que vous aimez ou qu'est-ce que vous n'aimez pas faire à la maison madame ?
La femme	Je n'aime pas beaucoup faire la vaisselle, je n'aime pas non plus beaucoup faire les lits.
Annick	Vous aimez repasser?
La femme	Pas tellement.
Annick	Et faire la cuisine ?
La femme	Oui, encore assez.
Annick	Vous aimez faire la cuisine. Et est-ce que vous aimez manger ?
La femme	Egalement.
Annick	Qu'est-ce que vous aimez spécialement?
La femme	J'aime par exemple le poulet, les frites bien sûr, les desserts, les tartes, les gâteaux à la crème.
Annick	Vous aimez les escargots ?
La femme	J'aime ça.
Annick	Et vous aimez les grenouilles?
La femme	Aussi.
Annick	Et qu'est-ce que vous n'aimez pas du tout ?
La femme	Certaines charcuteries.
Annick	Par exemple ?
La femme	L'andouillette.
Annick	Bon. Eh bien merci madame.

2

Then Annick talked to a man about what he did in his spare time . . . again the conversation turned to food.

Annick	Monsieur, qu'est-ce que vous aimez faire de votre temps libre?
L'homme	J'aime lire, j'aime écouter de la musique, j'aime surtout être tranquille chez moi avec ma femme.
Annick	Quel genre de musique préférez-vous ?

L'homme	Je préfère la musique classique.
Annick	Quels sont vos compositeurs préférés ?
L'homme	Mon compositeur préféré est peut-être Mozart, mais j'aime beaucoup les classiques.
Annick	Est-ce que vous aimez bien manger ?
L'homme	Oui, j'aime bien manger.
Annick	Quels sont vos plats préférés ?
L'homme	Mes plats préférés sont souvent des plats simples préparés par ma femme.
Annick	Par exemple ?
L'homme	Par exemple, j'aime beaucoup les tartes aux pommes faites maison.
Annick	Et vous aimez les escargots ?
L'homme	Les escargots, pas beaucoup.
Annick	Et les huîtres ?
L'homme	Ah les huîtres oui. J'aime beaucoup les huîtres.
Annick	Et qu'est-ce que vous n'aimez pas du tout ?
L'homme	Je n'aime pas du tout les betteraves rouges.
Annick	Les salsifis ?
L'homme	Pas trop.
Annick	Eh bien merci monsieur.

3*

Monsieur Vuez, a journalist in Dijon, had a lot to say about music and sport . . .

Annick	Monsieur Vuez, qu'est-ce que vous aimez faire de votre temps libre ?
M. Vuez	J'ai essentiellement trois passions: la musique, les arts plastiques et le sport.
Annick	Quelle musique ?
M. Vuez	J'aime beaucoup la musique classique, mais je préfère écouter et jouer la musique de jazz.
Annick	Vous jouez d'un instrument ?
M. Vuez	Oui. Je joue de la trompette.
Annick	Et quels musiciens préférez-vous?
M. Vuez	En musique de jazz ?
Annick	Oui.
M. Vuez	Comme trompettiste je préfère Louis Armstrong. J'aime énormément Duke Ellington et tous les musiciens jusqu'à la période 'Swing'.
Annick	Et en musique classique quels compositeurs préférez-vous ?
M. Vuez	Bach, Haendel, tous les classiques. Mais je n'aime pas la musique romantique.
Annick	Et comme sports ?
M. Vuez	J'aime beaucoup le ski, puisque c'est la saison. Mais je pratique aussi le tennis et la natation.
Annick	Et vous aimez aussi regarder les sports ?
M. Vuez	Non, pas du tout. J'aime uniquement pratiquer. Je ne suis pas spectateur.
Annick	Et vous aimez regarder la télévision ?
M. Vuez	Je n'ai pas la télévision.

Annick	Pourquoi?
M. Vuez	Je ne sais pas.
Annick	Donc vous n'aimez pas tellement la télévision ?
M. Vuez	Pas beaucoup. C'est dangereux. C'est trop prenant.
Annick	Et la radio?
M. Vuez	Oui beaucoup. J'écoute beaucoup les informations et quelques émissions le soir.
Annick	De la musique aussi peut-être ?
M. Vuez	Les émissions de variétés essentiellement.
Annick	Est-ce que vous aimez bien manger ?
M. Vuez	Ah oui, beaucoup.
Annick	Et qu'est-ce que vous préférez manger ?
M. Vuez	Des cuisines régionales.
Annick	Par exemple ?
M. Vuez	En Bourgogne le coq au vin.
Annick	Les escargots ?
M. Vuez	Oui, bien sûr !
Annick	Oui? Les grenouilles?
M. Vuez	Ah oui, bien sûr. (laughs)
Annick	Et qu'est-ce que vous n'aimez pas du tout ?
M. Vuez	Je n'aime pas du tout les salsifis et très peu les céleris cuits.
Annick	Mais vous aimez tous les poissons?
M. Vuez	Ah oui.
Annick	Oui? Et toutes les viandes?
M. Vuez	Toutes les viandes, surtout les viandes grillées.
Annick	Bon. Eh bien, merci.

Expressions

je n'aime pas non plus beaucoup faire les lits	*I don't like making beds much either*
de votre temps libre	*with your spare time*
encore assez	*quite a bit*
faites maison	*home-made*
comme trompettiste	*as a trumpeter*
c'est trop prenant	*it takes up too much time*

Explications

1

Likes and dislikes

The extremes are **adorer** and **détester**. In between comes **aimer**. You can adore, or like, or detest *things*, or *doing things*.

j'adore j'aime je déteste	le coq au vin manger le coq au vin

When making generalisations the article (**le**, **la**, **les**) has to be included, unlike English:

j'aime	**le** vin **les** femmes **la** musique	*I like*	*wine* *women* *song*

To be more precise about your tastes or feelings, there is a range of expressions that you can add to **aimer**:

like most ↑	**j'aime**	**énormément**			*I love...*
		beaucoup	**les**		*I like...a lot*
		bien	**escargots**		*I like...quite a lot*
		assez			*I quite like...*
	je n'aime pas	**trop**	**la**		*I'm not too keen on...*
		beaucoup	**musique**		*I don't much like...*
		tellement	**classique**		*I don't much like...*
↓ like least		**du tout**			*I don't like...at all*

When answering questions, you can use a number of these expressions without **aimer**:

Aimez-vous Brahms?

énormément	*tremendously*
beaucoup	*a lot*
assez	*quite a lot*
pas du tout	*not at all.*

For preferences use **préférer**:
Quels compositeurs **préférez-vous?**
Which composers do you prefer/like most?

2

tout

On its own **tout** means *'everything'*:
j'aime **tout**

Used as an adjective it means *'all'*:

voici	**tout** le vin	j'aime	**tous** les vins
	toute la bière		**toutes** les bières

3

quel? *– which/what?*

	singular	plural
M	quel	quels
F	quelle	quelles

Le plat – **Quel** est votre plat préféré?
      – **Quels** sont vos plats préférés?
La ville – **Quelle** est votre ville préférée?
      – **Quelles** sont vos villes préférées?

4

ce/cet/ces *– this/that*

	singular	plural
M	**ce** (**cet** before a vowel)	**ces**
F	**cette**	

le soleil	**ce** soleil
l'argent (m.)	**cet** argent
la plage	**cette** plage
les femmes	**ces** femmes
les hommes	**ces** hommes

A propos...

Je vous aime un peu . . . beaucoup . . . passionnément . . . à la folie . . . pas du tout !

To discover the strength of your feelings, pick the petals from a daisy, blow the thistledown off a dandelion, or count up the fruit stones on your plate. It's like the English 'She loves me, she loves me not . . .' only, as you can see, the French version goes into greater detail . . .

chute de pierres

Most pictorial road signs are the same throughout Europe, but sometimes words are added. Some of the most important signs you will need to understand are:

chute de pierres — falling rocks
chaussée déformée — uneven surface (a very common one, this!)
chaussée glissante — slippery surface
virages sur 5 km — bends for 5 kilometres.

and, most important of all, one that is not always written out, it's so basic a part of French driving: *priorité à droite* — at crossroads you **must** give way to traffic coming from the right. Unless, of course, you see one of the signs shown on the left, or the words *passage protégé*, which mean that **you** have priority over all cross traffic.

Sur la route

La pétanque

la pétanque

This is the traditional fine-weather game throughout France, but most of all in the South. Players stand with their feet together and lob *les boules*, which are heavy and made of steel and about the size of a cricket ball, in the direction of the jack — *le cochonnet* (literally 'piglet'). The aim is to get your *boules* nearer the jack than your rivals. Unlike English bowls, *la pétanque* can be played on any relatively flat surface, preferably near a friendly café.

l'andouillette

This is a sausage made of coarsely chopped pork tripe, with spices, and is served grilled or fried. It is very rich and can be rather greasy, so people tend to like it a lot or not at all — you'll hardly ever hear *j'aime assez l'andouillette*.

un citron pressé

Un citron pressé is a cool, refreshing drink: the juice of a freshly squeezed lemon topped up with water, and ice and sugar to taste. You can also order *une orange pressée*.

bon appétit!

The French are always wishing each other a good time. Here are a few examples:

bonne journée/soirée	*have a good day/evening*
bonnes vacances	*enjoy your holiday*
bon voyage	*have a good journey*
bonne fin de soirée	*enjoy the rest of the evening*

and of course

bon appétit!	*enjoy your meal!*

The polite answer is: *merci à vous aussi*.

Exercices

1

You're the indoor type — you love being at home, cooking and eating, watching television and listening to all kinds of music. You hate going out. Start your answers **Oui, j'adore . . .** or **Non, je déteste . . .**

1 Vous aimez aller à la mer?
2 Vous aimez faire la cuisine?
3 Vous aimez les aubergines?
4 Vous aimez marcher sur les quais de la Seine?
5 Vous aimez le jazz?
6 Vous aimez regarder la télévision?
7 Vous aimez danser?
8 Vous aimez manger des plats français?
9 Vous aimez aller au café?
10 Vous aimez voyager?

2

Now you like *all* of it/them . . .

Vous aimez la musique classique? — Oui, j'aime **toute** la musique classique.

1 Vous aimez le jazz?
2 Vous aimez la viande?
3 Vous aimez la France?
4 Vous aimez la cuisine française?
5 Vous aimez les plats régionaux?
6 Vous aimez les légumes?
7 Vous aimez le cinéma américain?
8 Vous aimez les gâteaux?
9 Vous aimez la littérature française?
10 Vous aimez la période 'swing'?

3

Now you're being interviewed about your feelings towards housework. You're a domestic soul . . . Tell all to *le reporter*.

Le reporter	Qu'est-ce que vous aimez faire à la maison ?
Vous	(you like everything)
Le reporter	Tout ? Vraiment ? Faire la vaiselle ?
Vous	(yes, you quite like doing the dishes)
Le reporter	Et faire les lits ?
Vous	(you don't much like making beds)
Le reporter	Et vous aimez faire la cuisine?
Vous	(you *love* cooking)
Le reporter	Ah oui ? Quel genre de cuisine ?
Vous	(you like making regional dishes)
Le reporter	Qu'est-ce que vous aimez spécialement ?
Vous	(French cooking — snails — coq au vin, tarts)
Le reporter	Et les viandes ?
Vous	(you aren't too keen on meat)
Le reporter	Vous aimez les omelettes ?
Vous	(ah . . . no, you don't like eggs at all)

4

You're at a party, and you have to make conversation with a rather intellectual-looking old gentleman. Fortunately your hostess has told you he's interested in music.

Vous	(ask him if he likes music)
L'intellectuel	Ah oui ! Beaucoup !
Vous	(which is his favourite composer ?)
L'intellectuel	Mon compositeur préféré ? Bach et Beethoven, sans doute. Wagner aussi.
Vous	(and French composers ?)
L'intellectuel	J'aime assez Ravel. J'aime beaucoup César Franck.
Vous	(he likes romantic music, doesn't he ?)
L'intellectuel	Oui, j'aime beaucoup la période romantique. Et vous ?
Vous	(say you like modern music)
L'intellectuel	Oh! la, la! Vous aimez donc le jazz!
Vous	(a little, yes, but you prefer Bartok and Gershwin)

L'intellectuel	Mais Gershwin, c'est du jazz !
Vous	(yes — but Gershwin is very romantic . . .)
L'intellectuel	Peut-être. Vous aimez le théâtre ?
Vous	(say you *love* classical theatre)
L'intellectuel	Ah oui! Shakespeare!
Vous	(say you like Racine too)
L'intellectuel	Et le théâtre moderne? Vous aimez Pinter?
Vous	(say you quite like Pinter but you prefer Ionesco. Does he like Brecht?)
L'intellectuel	Ah oui, bien sûr ! C'est un grand homme. Vous l'aimez?
Vous	(say you loathe Brecht)
L'intellectuel	Tant pis!

5

You're a vegetarian — not by principle, but simply because you don't like meat, fish or poultry. You go into a small restaurant, where there's a very helpful waiter. Make sure he understands your tastes . . .

Garçon	Aujourd'hui, le plat du jour, c'est un poulet rôti.
Vous	(say you don't like roast chicken)
Garçon	Ou alors il y a du coq au vin.
Vous	(you don't eat coq au vin)
Garçon	Bon, J'ai un excellent steak.
Vous	(you hate steak)
Garçon	Voulez-vous une sole au vin blanc alors?
Vous	(you don't like sole at all)
Garçon	Alors vous n'aimez pas la viande ?
Vous	(not much)
Garçon	Vous n'aimez pas le poulet?
Vous	(not at all)
Garçon	Vous n'aimez pas le poisson non plus.
Vous	(not too much)
Garçon	Aimez-vous les légumes?
Vous	(yes!)
Garçon	(*seductively*) J'ai des courgettes au gratin.
Vous	(you *love* courgettes au gratin)
Garçon	Alors des courgettes au gratin et une tarte aux pommes?
Vous	(What a good idea! Thank you. And some water please)

Radio

Compréhension

About 2 kilometres from the centre of Dijon is a new and almost completely self-contained satellite town — La Fontaine d'Ouche. Jean Maisonnave went to see one of the residents, Mme Sibenaler, who lives in a high-rise block, to find out something about life at La Fontaine d'Ouche.

Jean	Nous sommes dans l'appartement de Mme Sibenaler à la Fontaine d'Ouche. Mme Sibenaler vous habitez le quartier depuis combien de temps?
Mme S.	Bientôt cinq ans.
Jean	Est-ce que vous êtes propriétaires ou locataires ici ?

Mme S.	Nous sommes propriétaires.
Jean	Et combien de pièces avez-vous ?
Mme S.	Nous avons cinq pièces et la cuisine, W.C., salle de bains et un petit cabinet de toilette.
Jean	Vous avez tout à la Fontaine d'Ouche ? Magasins, écoles ?
Mme S.	Oui. Nous avons deux grands magasins, cinquante petites boutiques de toutes sortes et plusieurs collèges et écoles pour les enfants.
Jean	Et au point de vue culturel ?
Mme S.	Il y a des activités pour les enfants, pour les adultes, des cours de yoga, de danse. Il y a une salle de cinéma, deux théâtres, une piscine, un terrain de football. Une bibliothèque avec une section pour les enfants et une autre pour les adultes.
Jean	Est-ce que vous allez fréquemment au centre ville ?
Mme S.	Non, jamais.
Jean	Donc vous aimez bien vivre ici à la Fontaine d'Ouche.
Mme S.	Oui, j'aime la vie à la Fontaine d'Ouche parce que je trouve ce quartier pratique, confortable, calme, il n'est pas pollué par les automobiles ou les industries. Mais je ne voudrais pas rester à la maison dans ce quartier toute la journée. Je préfère travailler en ville au dehors.

Expressions

nous sommes	we are
vous habitez . . . depuis combien de temps ?	how long have you been living in . . .
propriétaires ou locataires ?	owners or tenants?
fréquemment	frequently
donc vous aimez bien vivre ici?	so you really like living here ?
en ville au dehors	out in the centre of town

Vous aimez les gâteaux?

Is it possible? If so, where and when?

Où *Where* **Quand** *When*	**est-ce qu'on peut** *can one/you* **peut-on** *can one/you*	**téléphoner?**

Télévision

Lucien, a widower of about fifty, is settling down to an idle Sunday.

Lucien	(*to himself*) Belle journée pour une partie de pétanque! (*His teenage daughter, Madeleine, interrupts.*)
Madeleine	Papa, est-ce qu'on peut aller à la campagne?
Lucien	(*deep in newspaper*) Qu'est-ce qu'il y a?
Madeleine	Est-ce qu'on peut sortir?
Lucien	Oui, mais pas maintenant.
Madeleine	Il fait beau. Est-ce qu'on peut pique-niquer?
Lucien	Non.
Madeleine	Mais, papa, j'aime tellement la campagne.
Lucien	Et ma partie de pétanque, alors?
Madeleine	Oh! Papa, mon petit papa . . .
	Later, in the car.
Madeleine	Quand est-ce qu'on peut manger? J'ai faim.
Lucien	Bientôt.
Madeleine	Mais à quelle heure? Il est tard.
	Ten minutes later.
Madeleine	Est-ce qu'on peut pique-niquer ici?
Lucien	Non, non, pas ici. C'est trop près de la route.
	Fifteen minutes later.
Madeleine	Est-ce qu'on peut manger dans le bois là-bas?
Lucien	Non, non. Trop d'ombre.
	Twenty minutes later.
Madeleine	Et là dans le champ, papa?
Lucien	Non, non, trop de soleil.
	An hour later.
Madeleine	Et là, près du lac?
Lucien	Non, non. Trop d'insectes.
	At long last.
Lucien	Ah! Voilà l'endroit idéal.
	They pull up and take out the picnic equipment.
Lucien	Qu'est-ce qu'on mange?
Madeleine	Il y a du pâté de campagne, du saucisson, du fromage, des fruits et pour toi une bouteille de Beaujolais. (*She opens the picnic basket*) Oh zut!
	She has brought Lucien's pétanque *set instead of the food.*

Expressions	qu'est-ce qu'il y a?	what's the matter?
	il fait beau	the weather's nice
	et ma partie de pétanque, alors?	what about my game of bowls?
	trop de	too much/too many
	pour toi	for you

Télévision

Les Aventures de Renard

Est-ce qu'on peut acheter des cartes postales par ici?

Renard and Frobert, the cricket, have been conscripted. In ill-fitting uniforms they approach an officer on the barrack square.

Renard	Pardon, monsieur, est-ce qu'on peut . . . ?
Le capitaine	'Monsieur'! On dit 'mon capitaine'.
Frobert	(*hands in his pockets*) Mon capitaine, est-ce qu'on peut . . . ?
Le capitaine	D'abord, on enlève les mains de ses poches et puis on salue. (*They salute together.*)
Ensemble	Oui, mon capitaine! Est-ce qu'on peut . . . ?
Le capitaine	Non! (*He marches off*)
	Later Renard approaches another officer.
Renard	Est-ce qu'on peut acheter des cartes postales par ici?
L'officier	Non. L'armée, ce n'est pas le Club Méditerranée! Ici on travaille!
	Later they are peeling potatoes. The captain approaches.
Le capitaine	Ça va?
Renard	Oui mon capitaine, mais on a faim. Est-ce qu'on peut manger?
Le capitaine	Non.
Frobert	Quand est-ce qu'on peut manger?
Le capitaine	On mange à treize heures.
Renard	Quelle heure est-il?
Le capitaine	Il est dix heures et demie. Allez! A l'exercice!
	They're doing drill. The sergeant calls a five-minute break.
Le sergent	Repos! Cinq minutes de repos!
Renard	Ah bon! Est-ce qu'on peut fumer?
Le sergent	Non, il est interdit de fumer dans la cour!
	A year later.
Frobert	Quand est-ce qu'on sort d'ici?
Renard	Le quatorze février.
Frobert	A quelle heure?
Renard	A six heures du soir.
	They tick off the days to their release . . .
Frobert	Lundi onze.
Renard	Mardi douze.
Frobert	Mercredi treize.
Renard	Jeudi quatorze.
Ensemble	C'est aujourd'hui!
	The bell tolls six and they rush out of the barracks and into the park.
Ensemble	Vive la liberté!
	In their delight they dance on the grass.
Le gardien	(*shouting*) Il est interdit de marcher sur la pelouse!

110

Expressions	on enlève les mains de ses poches	*you take your hands out of your pockets*
	ce n'est pas le Club Méditerranée	*it isn't a holiday camp*
	quelle heure est-il?	*what time is it?*
	quand est-ce qu'on sort d'ici?	*when do we get out of here?*
	il est interdit de marcher sur la pelouse	*don't walk on the grass*

L'Amour de la Vie – Résumé

'La mort et le hasard' – 'The game of death'

An unsavoury pair of crooks, **Albert** and **Jules**, suspicious of **Michel's** intrusion into their territory, decide to ask him a few questions of their own. He is taken for an unenviable ride in the *Calanques* (cliffs) near *Marseille* where a watery grave awaits him. Luckily for **Michel**, **Albert's** belief in astrology leads to a dramatic reversal of fortune.

Radio

1*

What do you do if you've got a phone call to make and there's no box in sight . . . ?

Annick	Pardon monsieur, où est-ce qu'on peut téléphoner dans le quartier, s'il vous plaît?
Un homme	On peut téléphoner à la poste.
Annick	Et c'est loin?
Un homme	Non, c'est à cent mètres.
Annick	A droite ou à gauche?
Un homme	A droite.
Annick	A droite, bon, merci beaucoup. Au revoir monsieur.
Un homme	Bonsoir madame.

2

. . . or if you need some stamps . . .

Annick	Pardon monsieur, où est-ce qu'on peut acheter des timbres dans le quartier?
Un homme	Oh c'est tout simple, dans n'importe quel bureau de tabac ou si vous voulez à la poste.
Annick	Et c'est loin d'ici?
Un homme	La poste est à deux cents mètres à peu près, mais vous avez un bureau de tabac plus près, à cent mètres sur la petite place.
Annick	(*Points the direction*) Ah, juste là?
Un homme	Juste là, oui.
Annick	Merci beaucoup, au revoir monsieur.
Un homme	Je vous en prie.

3*

Jean felt like a good meal – and not too expensive – but as he didn't know his way around he had to ask.

Jean	Pardon monsieur. Où est-ce qu'on peut manger par ici s'il vous plaît?

Un homme	Il y a plusieurs restaurants tout près d'ici. Si vous voulez très bien manger il y a le Rallye. Et si vous voulez manger pour moins cher il y a plusieurs petits restaurants sur la place St Michel.
Jean	Où est la place St Michel s'il vous plaît?
Un homme	Vous passez devant le théâtre, vous tournez à gauche et c'est la place St Michel.
Jean	Merci beaucoup monsieur.

4*

Jean needed some information to organise a trip to the museum, so he asked the attendant – le gardien.

Jean	Pardon monsieur. Quand est-ce qu'on peut visiter le musée s'il vous plaît?
Le gardien	On peut visiter le musée tous les jours de la semaine sauf le mardi.
Jean	Et de quelle heure à quelle heure?
Le gardien	De neuf heures à douze heures le matin et de quatorze à dix-huit heures l'après-midi.
Jean	Quel est le prix s'il vous plaît?
Le gardien	Le prix est de deux francs par personne.
Jean	Tous les jours?
Le gardien	Tous les jours sauf le dimanche après-midi.
Jean	Alors le dimanche après-midi c'est gratuit?
Le gardien	Oui, oui, oui. C'est gratuit.
Jean	Et est-ce qu'il y a des prix pour les groupes?
Le gardien	Il y a des tarifs réduits de un franc par personne.
Jean	Merci. Où est-ce qu'on peut garer la voiture par ici?
Le gardien	On peut garer la voiture sous la place de la Libération. Il y a un grand parking.
Jean	Merci monsieur.
Le gardien	A votre service, monsieur.

5

Jean went to the station to find out when the Lyon train got in . . .

Jean	Pardon monsieur, le train de Lyon arrive à quelle heure, s'il vous plaît?
L'homme	Le prochain train arrive à onze heures huit. (11h08)
Jean	Et c'est à quel quai?
L'homme	C'est au quai numéro quatre.
Jean	Merci beaucoup.
L'homme	A votre service monsieur.

6

. . . and what time the next train left for Grenoble.

Jean	Pardon monsieur, le prochain train pour Grenoble part à quelle heure, s'il vous plaît?

L'homme	Le prochain train part à onze heures quarante-six. (11h46)
Jean	Il est direct?
L'homme	Il est direct pour Grenoble.
Jean	Et c'est à quel quai?
L'homme	Au deuxième quai monsieur.
Jean	A quelle heure il arrive à Grenoble?
L'homme	A quinze heures cinq. (15h05)
Jean	Il n'y a pas de train plus tard?
L'homme	Si, vous avez un train à quatorze heures trente-quatre (14h34) avec changement à Lyon-Perrache pour arriver à Grenoble à dix-sept heures trente-trois. (17h33)
Jean	Merci. Est-ce qu'il y a un wagon-restaurant?
L'homme	Le premier train possède un wagon-restaurant et le deuxième un wagon-bar.
Jean	Parfait. Merci beaucoup.
L'homme	A votre service monsieur.

Expressions

n'importe quel	*any*
le bureau de tabac	*tobacconist's (see note p. 116)*
pour moins cher	*more cheaply* (lit. *less expensive*)
tous les jours	*every day*
le prix est de deux francs	*the price is 2 francs*
il n'y a pas de train plus tard?	*isn't there a train later?*

Explications

1

on peut

To ask if something is possible use

Est-ce qu'on peut . . . ?
Peut-on . . . ? } *Can you . . . ? Can one . . . ?*

Est-ce qu'on peut Peut-on	téléphoner ici? fumer? manger par ici? garer la voiture ici?	*. . phone from here?* *. . smoke?* *. . eat near here?* *. . park the car here?*

To ask *where* or *when* something can be done, add **où** or **quand**

Où	est-ce qu'on peut peut-on	téléphoner? — A la poste.
Quand	est-ce qu'on peut peut-on	manger? — A midi.

When you *can* do something you'll hear the answer:

Oui, **on peut**	téléphoner manger *etc.*

When you *can't* it'll be:

Non, **on ne peut pas**	fumer garer la voiture *etc.*

2
On

On corresponds roughly to the English 'one' but is used far more frequently in French and has several meanings depending on the context.

a) People in general — i.e. 'one', 'you' or vague 'they'.

Ici **on parle** français
On mange bien à Dijon

b) 'We'. Renard means himself and Frobert when he says:

Mon capitaine, **on a** faim.

3
Quand

Quand (when) refers to any sort of time: years, dates or times of day. An alternative way to ask the precise *time of day* something happens is **A quelle heure . . . ?** (lit. *at what hour*). But **quand** will do just as well.

Quand est-ce qu'il y a un train pour Marseille? — Lundi, jeudi et samedi.

A quelle heure? — A dix heures du matin.

4
The time

Il est	une heure	*It's*	*one o'clock*
	trois heures		*three o'clock*
	dix heures		*ten o'clock*
	dix heures et demie		*half past ten*
	midi		*twelve noon*
	minuit		*midnight*

If there is any ambiguity about the time of day you can add **du matin** (*in the morning*), **de l'après-midi** (*in the afternoon*), or **du soir** (*in the evening*).

1h **une heure du matin**
16h **quatre heures de l'après-midi**
21h **neuf heures du soir**

The twenty-four hour clock is used far more widely in France than in Britain, especially when exactness is required as on timetables or for making appointments:

12h30 **douze heures trente**
15h20 **quinze heures vingt**
20h05 **vingt heures cinq**

Other examples

9h15 **neuf heures quinze** or **neuf heures et quart**
9h30 **neuf heures trente** or **neuf heures et demie**
9h45 **neuf heures quarante-cinq** or **dix heures moins le quart**

Here's how to ask the time of arrivals and departures:

Le train	**arrive** **part**	à quelle heure s'il vous plaît?

5
Le train de Lyon – the Lyon train

The phrase **le train de Lyon** can mean the train *from* or the train *to* Lyon. To make it quite clear, you can talk about the train **pour Lyon** (it's going there), but usually the context (**arriver** or **partir**) will show the meaning.

6
jouer

Like English *play*, **jouer** refers to games and musical instruments. But there is one difference: the choice between **à** and **de**. It's **à** for games, **de** for instruments.

On joue	**au** tennis
	à la pétanque
	du piano
	de la trompette

A propos . . .

il est interdit de marcher sur la pelouse

In French parks most lawns, whether well kept or scrubby, are designed to be looked at. Step or, worse, sit on them, and you'll incur the wrath of the park-keeper, *le gardien*, and maybe a fine. However, in really large parks like the Bois de Boulogne, you can walk in the rough grass among the trees – though still not in the more formal areas. (See also p. 67).

plat du jour

Whether you eat *à la carte* or choose a set menu (*le menu à 20 francs, le menu touristique,* etc), in brasseries and less pretentious restaurants there will usually be at least one *plat du jour* – the dish of the day. It's often particularly good value as the chef makes it in large quantities, which brings the price down, but also because it depends on what is fresh and reasonably priced in the local market that day.

Le tabac

le bureau de tabac

Since Napoléon Bonaparte's reforms, tobacco and matches have both been state monopolies. In order to set up as a tobacconist, one has to have a special licence. *Le bureau de tabac* (or *le tabac* for short) can be a separate shop, or it may be attached to a café. It sells not only tobacco, snuff, cigars and cigarettes and smokers' requisites, but also postage stamps, telephone *jetons* (see p. 82) and tickets for the national lottery — *la Loterie Nationale*. Outside there is always an easily recognisable sign — a stylised cigar in red. You will find many cafés and restaurants willing to sell you cigarettes, even though they are not *bureaux de tabac*, but even they are bound by law to buy them at the nearest *bureau de tabac*.

Exercices

1

You've got a busy day ahead — providing you're allowed to do the things you want to. Ask the people in charge if you can . . . :

see the manager   Est-ce qu'on peut **voir le directeur**?

1 smoke.
2 see the menu.
3 have a bottle of beaujolais.
4 buy stamps in a tobacconist's.

Now ask *where* you can . . .

5 buy postcards.
6 park the car.
7 play *pétanque.*
8 eat nearby.

... and now *when* can you ...
9 visit the cathedral.
10 speak to M. Dutronc.
11 telephone at the post office.
12 go to the theatre.

2

Your friend has *no* sense of occasion. He keeps getting odd ideas in the strangest places. Keep him on the straight and narrow.

Je voudrais fumer (*in a cathedral*?) –

On ne peut pas fumer dans une cathédrale!

1 Je voudrais danser. (*in a museum*?)
2 Je voudrais manger un steak. (*in a cinema*?)
3 Je voudrais aller à la chasse. (*in a car park*?)
4 Je voudrais jouer à la pétanque. (*in a station*?)
5 Je voudrais acheter des timbres. (*in a train*?)
6 Je voudrais jouer du piano. (*in a post office*?)
7 Je voudrais aller au lit. (*in a supermarket*?)
8 Je voudrais garer la voiture. (*on the lawn*?)

3

You're in the grocer's. You want to buy some stamps. It's just after six o'clock. Ask the grocer where you should go.

Vous	(Where's the post office please?)
L'épicière	Il y a un bureau de poste place Saint-André – mais il est fermé.
Vous	(well, where can you buy stamps please?)
L'épicière	On peut acheter des timbres dans n'importe quel bureau de tabac.
Vous	(ask if there is a tobacconist in the neighbourhood)
L'épicière	Vous avez un bureau de tabac rue Cézanne, au café du Commerce.
Vous	(ask if it's far)
L'épicière	Mais non, c'est tout près, là, à droite, à deux cent mètres.
Vous	(good; thanks; goodbye)
L'épicière	Je vous en prie. Au revoir.

4

You've got to the café du Commerce. Le patron is on the cigarette counter.

Le patron	Bonsoir. Que désirez-vous?
Vous	(you'd like ten stamps at one franc please)
Le patron	Désolé. Je n'ai plus de timbres à un franc. Mais j'ai des timbres à cinquante centimes. Ça va?
Vous	(Yes, of course. Say you'd like 20 stamps at 50 centimes.)
Le patron	Voici. C'est tout?
Vous	(you'd like a packet of cigarettes as well)
Le patron	Oui. Françaises? Anglaises? Avec filtre? Sans filtre?
Vous	(a packet of English cigarettes with filter please)
Le patron	Voici. Et avec ça?
Vous	(that's all. How much is that?)
Le patron	Alors, ça vous fait douze francs. (12F)

Vous	(here's fifteen francs)
Le patron	Alors douze francs . . . treize, quatorze et quinze. Je vous remercie.
Vous	(thanks; goodbye)
Le patron	Au revoir.

5

You have to sort out some travel problems, so you go to the station. At the information desk (*Renseignements*) you find the clerk (*l'employé*)

L'employé	Bonjour. Vous désirez?
Vous	(when does the train from Toulouse get in, please?)
L'employé	Le train de Toulouse . . . il arrive à dix-huit heures quarante-cinq.
Vous	(quarter to seven, is that it?)
L'employé	C'est ça.
Vous	(at which platform please?)
L'employé	Au quai numéro sept.
Vous	(thanks; and to go to Aix please?)
L'employé	Le matin ou le soir?
Vous	(say you prefer the morning)
L'employé	Alors, vous avez un train à neuf heures.
Vous	(is it direct?)
L'employé	Non, il y a un changement à Marseille.
Vous	(what time does the train get to Aix please?)
L'employé	Le train arrive à Aix à onze heures quarante-cinq.
Vous	(is there a restaurant car?)
L'employé	Non, mais il y a un bar.
Vous	(thanks; goodbye)
L'employé	Au revoir.

Radio

Compréhension

Lots of establishments which look like cafés in France are in fact called brasseries. *So Jean Maisonnave asked Mme Martre, the owner of a* brasserie — *a busy one as you can hear — to explain the difference.*

Jean	Mme Martre, qu'est-ce exactement qu'une brasserie?
Mme Martre	Pour moi une brasserie est à moitié restaurant, moitié café.
Jean	Qu'est-ce que cela veut dire exactement?
Mme Martre	A mon avis, cela veut dire que l'on peut boire comme dans un café et manger comme dans un restaurant.
Jean	Alors quelle est la différence entre une brasserie et un restaurant?
Mme Martre	Dans un restaurant le service est à heures fixes et dans une brasserie on peut manger à n'importe quelle heure.
Jean	Et quelle sorte de repas peut-on manger?
Mme Martre	Des plats simples et rapides, et nous avons un plat du jour.
Jean	Mais des plats chauds, non?

Mme Martre	Oui, bien sûr. Des plats chauds mais très simples.
Jean	Et c'est moins cher qu'au restaurant ?
Mme Martre	Oui. La formule est plus simple, donc moins cher.
Jean	Mme Martre, quelles sont les heures d'ouverture de la brasserie ?
Mme Martre	Nous ouvrons très tôt le matin, et nous fermons vers deux heures du matin suivant la clientèle.
Jean	Et si je veux manger un steak à six heures du matin, est-ce que c'est possible ?
Mme Martre	C'est possible mais avec peut-être un peu d'attente.
Jean	Merci beaucoup madame.

Expressions

qu'est-ce exactement que . . . ?	*what exactly is . . . ?*
à moitié	*half*
cela veut dire que	*that means that*
l'on peut boire	*you can drink*
à mon avis	*in my opinion*
à heures fixes	*at fixed times*
à n'importe quelle heure	*at any time*
moins cher qu'au restaurant	*cheaper than in a restaurant*
suivant la clientèle	*depending on the trade*
si je veux	*if I want*
un peu d'attente	*a short delay*

Intérieur d'une
brasserie

State your intentions

onze 11

j'ai besoin de	repos	I need	rest
je vais j'ai l'intention de	partir	I'm going to I intend to	leave

Télévision

Gérard   C'est terrible! J'ai besoin d'aide. Mon psychiatre!
Je vais voir mon psychiatre. (*Telephones*) Allô . . . Je
voudrais parler au docteur Bloc. C'est urgent. Je
voudrais un rendez-vous . . . Demain? Bon. A quelle
heure? . . . Dix heures. D'accord.
Next day in the consulting room of Dr. Geraldine Bloc.

Le docteur   Par ici. Relaxez-vous . . . Parfait. Alors, qu'est-ce
qu'il y a?

Gérard   Eh bien, voilà docteur. Je déteste ma femme, je déteste
mes amis, je déteste mes enfants. Je déteste tout le
monde.

Le docteur   Mm!

Gérard   C'est abominable. J'ai l'intention de partir. Je vais
tout abandonner. Je vais tout quitter.

Le docteur   Mm!

Gérard   C'est décidé. Je vais partir, je vais quitter la
civilisation, je vais vivre dans la nature, j'ai besoin de
calme, j'ai besoin de repos.

Le docteur   La nature! Mm! Vous êtes fatigué. C'est tout. (*She
starts the treatment. Looks him straight in the eyes*)
Vous allez dormir . . . dormir . . . dormir. Vous allez
oublier vos problèmes. Vous allez aimer votre femme,
aimer vos amis, aimer vos enfants . . .
A few days later Gérard is on the couch again.

Le docteur   Alors? Qu'est-ce qu'il y a?

Gérard   J'ai besoin d'amour.

Le docteur   Oui je sais. Vous détestez toujours.

Gérard   Oh non, ce n'est pas ça! C'est terrible. Maintenant moi,
j'aime tout le monde, mais personne ne m'aime.
(*Bursts into tears*)

Expressions

relaxez-vous	*relax*
j'ai besoin d'aide	*I need help*
je déteste tout le monde	*I hate everybody*
je vais tout abandonner	*I'm going to give up everything*
personne ne m'aime	*nobody loves me*

Les Aventures de Renard

Mais j'ai surtout besoin d'un tire-bouchon, d'un peu de chance . . . ou d'un miracle

Renard is at home slumped in an armchair. Chaos and dirt reign.

Renard	(*yawning*) J'ai besoin d'un café. (*Seeing the full sink*) Zut alors, pas de tasse propre. Je n'ai pas l'intention de faire la vaisselle. Tant pis. Je vais prendre un petit calvados. Zut, où est le tire-bouchon ?

Camille, the priest, looks in through the window.

Camille	Quelle décadence ! Renard, vous avez besoin d'exercice, de travail et d'une désintoxication.
Renard	Vous êtes trop aimable ! Mais j'ai surtout besoin d'un tire-bouchon, d'un peu de chance . . . ou d'un miracle.

Camille crosses himself and leaves. The telephone rings.

Renard	Allô, qui est à l'appareil? (*The line is bad and Renard has difficulty in hearing.*)
La voix	C'est tante (*line crackles*) – tense. J'ai l'intention d'aller vous voir. D'accord?
Renard	Ben . . . heu . . .
La voix	C'est très gentil. A lundi, six heures et demie. A bientôt !

Puzzled, Renard unrolls his family tree.

Renard	(*to himself*) Tante quoi ? . . . Ah, voilà ! Tante Constance, la fille du père de la mère de mon père. Très riche, très vieille, pas d'enfants! Renard, au travail! (*He looks around the house*) Pour commencer, je vais faire la vaisselle. (*He washes up and makes the whole house spick and span. Then he examines himself in the mirror.*) J'ai besoin d'un bain et d'une coupe de cheveux.

Later, as Renard leaves the barber's he sees himself in a shop window.

Renard	Et pour finir quelques vêtements. J'ai besoin d'un pantalon, d'une veste; d'une chemise, d'une cravate, et d'une paire de chaussettes.

D-day. Renard answers the door and sees a poor old lady.

La tante	Bonjour. J'ai besoin de dix francs pour le taxi.
Renard	(*surprised*) Comment ?
La tante	Dix francs. Et un peu de monnaie pour le pourboire.
Renard	Mais tante Constance . . .
La tante	Tante Constance ? Je suis Hortense, la cousine pauvre du père de votre mère.
Renard	(*shattered*) Vite, un calvados !

Expressions

pas de tasse propre	*no clean cups*
vous êtes trop aimable !	*you're too kind !*
qui est à l'appareil ?	*who's that speaking ?*
j'ai l'intention d'aller vous voir	*I mean to come to see you*
au travail !	*get to work !*
pour commencer . . . pour finir	*to start with . . . to finish*
comment ?	*what ?*

L'Amour de la Vie – Résumé

'L'amour et les moustiques' – 'Once bitten, twice shy'

Over lunch in the picturesque port of *Cassis* **Albert** makes **Michel** an offer he can hardly refuse – a job on a ranch in Camargue, taking tourists for horse rides in the marshes. He soon falls in love with

Sarah, a beautiful gypsy girl, but also becomes entangled with the voluptuous **Mme Lenoir** . . .

1

Jean was looking for a hotel room for two friends. It was short notice, and the first hotel he tried was full up.

Jean	Pardon madame, est-ce que vous avez une chambre s'il vous plaît?
La réceptionniste	Pour quel jour monsieur, pour ce soir?
Jean	Pour ce soir, oui, seulement.
La réceptionniste	Alors ce soir, je regrette mais l'hôtel est complet.
Jean	Est-ce qu'il y a un autre hôtel dans le quartier?
La réceptionniste	Oui, vous avez un hôtel deux rues plus haut sur votre gauche.
Jean	Bien . . . comment il s'appelle?
La réceptionniste	L'Hôtel Victor Hugo.
Jean	Merci madame.
La réceptionniste	A votre service monsieur.

Réception d'un hôtel

2*

As it happened, the Victor Hugo had quite a choice of rooms.

Le réceptionniste	Bonjour monsieur.
Jean	Bonjour monsieur, est-ce que vous avez une chambre pour deux personnes s'il vous plaît?
Le réceptionniste	Pour ce soir seulement?
Jean	Pour ce soir, oui.
Le réceptionniste	J'ai des chambres avec douche, ou douche et W.C. Que désirez-vous?
Jean	C'est combien avec douche?
Le réceptionniste	Avec douche quarante francs (40F) et douche et W.C. quarante-cinq francs (45F).
Jean	Petit déjeuner compris?

Le réceptionniste	Non, le petit déjeuner est en plus. Il est à six francs (6F).
Jean	Et vous servez les repas?
Le réceptionniste	Nous ne servons pas les repas, mais vous avez dans le quartier plusieurs restaurants.
Jean	Très bien, eh bien je vais prendre une chambre avec douche.
Le réceptionniste	Parfait, monsieur. Je vais noter votre nom.
Jean	Monsieur Maisonnave.
Le réceptionniste	Très bien monsieur, c'est noté. Eh bien, à ce soir, monsieur.
Jean	Merci bien. A ce soir.

3

This time four friends are turning up unexpectedly . . .

Jean	Bonjour madame.
La réceptionniste	Bonjour monsieur.
Jean	Est-ce que vous avez deux chambres pour jeudi, s'il vous plaît?
La réceptionniste	Euh, que désirez-vous comme chambres, monsieur? Avec douche ou sans douche?
Jean	Oh, avec douche.
La réceptionniste	Pour combien de personnes?
Jean	Pour quatre personnes.
La réceptionniste	Quatre personnes. Alors j'ai une chambre avec un grand lit et une chambre à deux lits, avec douche.
Jean	C'est bien. Combien ça coûte?
La réceptionniste	Euh, soixante-dix cinquante (70,50F) tout compris, petit déjeuner, et service. Pour deux personnes.
Jean	Pour deux personnes. Bien, c'est parfait. Alors je les prends.
La réceptionniste	Quel est votre nom?
Jean	C'est pour Monsieur Maisonnave.
La réceptionniste	Alors très bien, merci monsieur. A jeudi.
Jean	Au revoir madame, à jeudi.

4*

With the Christmas and New Year holidays coming up, Annick and Jean decided to ask a few people about their plans: what they were going to do, what they hoped to do, what they were thinking of doing . . . First, Annick talked to a married man . . .

Annick	Qu'est-ce que vous allez faire à Noël, monsieur?
L'homme	A Noël je pense prendre quelques jours de vacances.
Annick	Où ça?
L'homme	Je vais passer quelques jours à Paris puis quelques jours en montagne avec ma famille.
Annick	Vous êtes marié?
L'homme	Oui, je suis marié.
Annick	Vous avez des enfants?

L'homme	Pas encore.
Annick	Et vous pensez acheter beaucoup de cadeaux pour Noël?
L'homme	Oui, quelques-uns.
Annick	Pour qui?
L'homme	En premier pour ma femme, ensuite pour mes parents, mes frères et soeurs, parce que nous allons tous être ensemble chez mes parents.
Annick	Et quels cadeaux attendez-vous?
L'homme	C'est toujours une surprise!
Annick	Qu'est-ce que vous allez acheter pour votre femme?
L'homme	C'est toujours très difficile, et je suis un petit peu indécis. Peut-être je vais acheter des bottes ou . . . je ne sais pas encore.
Annick	Eh bien, très bien. Merci beaucoup monsieur.

5

. . . then a woman told Jean what she and her family intended to do . . .

La femme	Nous allons fêter Noël avec les enfants, et puis faire un très bon déjeuner.
Jean	Et est-ce que vous pensez acheter beaucoup de cadeaux?
La femme	Quelques-uns, oui, mais la vie est chère.
Jean	Et pour qui alors allez-vous acheter des cadeaux?
La femme	Surtout pour, euh, mon fils, pour mon mari, mes parents, mes beaux-parents et puis quelques petits cadeaux symboliques pour mes amis.
Jean	Pour le Jour de l'An alors, qu'allez-vous faire?
La femme	Eh bien nous passons le Jour de l'An avec des amis, nous allons danser, aller au restaurant.
Jean	En somme Noël, pour vous, est-ce que c'est une fête religieuse ou familiale ou plutôt un événement commercial?
La femme	Pour moi c'est surtout une petite fête familiale.

Expressions		
	deux rues plus haut	*two streets further up*
	petit déjeuner compris	*including breakfast*
	le petit déjeuner est en plus	*breakfast is extra*
	nous ne servons pas les repas	*we don't serve meals*
	c'est noté	*I've made a note* (lit. *it's noted*)
	je pense prendre	*I'm thinking of taking . . .*
	où ça?	*where?*
	quelques-uns	*a few*
	en premier	*first of all*
	nous allons tous être	*we're all going to be*
	le Jour de l'An	*New Year's Day*

1
Needs

To say what you *need* use **j'ai besoin de** . . . (**d'** before a vowel)

J'ai besoin de (d')	un café un bain repos argent

2
Intentions

Just as you use je voudrais to say what you'd *like* to do, (see p. 45) use **je vais** to say what you are *going* to do.

Je vais	partir	*to leave*
	passer quelques jours à Paris	*to spend a few days in Paris*
	voir mon psychiatre	*to see my psychiatrist*
	faire la vaisselle	*to do the washing up*
	prendre un petit calvados	*to have a small calvados*

Other expressions for stating your intentions, both used in the same way as **je vais**, are:

J'ai l'intention de . . .   *I intend to* . . .
Je pense . . .   *I am thinking of* . . .

Je vais J'ai l'intention de Je pense	passer Noël à Paris

3
it/them etc.

When **les** means 'them', it comes *before* the verb:

| J'adore | les bananes
mes enfants
les quais de la Seine | Je **les** adore |

The same rule applies to **le** and **la** meaning 'him,' 'her,' 'it.'

Je déteste le calvados   Je **le** déteste
Je prends la chambre   Je **la** prends
Je déteste ma femme   Je **la** déteste

Of course, if the verb which follows begins with a vowel, both **le** and **la** become **l'**.

J'adore le vin   Je **l'**adore
J'adore Virginie   Je **l'**adore

4

personne

Personne meaning *'nobody'*, is always accompanied by **ne**, as it's a negative:

Gérard **n'**aime **personne** . . .

. . . et **personne n'**aime Gérard

5

Hotels – making a booking

What you ask for is **une chambre**

Je voudrais	
Avez-vous	une chambre, s'il vous plaît?

Say how many people it's for:

pour	une personne
	deux/trois personnes

and how long it's for:

pour	une nuit
	deux nuits
	trois nuits
	une semaine

and what facilities you want:

avec	douche (shower)
	toilette/W.C. (toilet)
	bain/salle de bains (bathroom)
	deux lits (with two beds)
	un lit (with one bed)

You can also say *une chambre à un lit/à deux lits* etc.

A propos . . .

à l'hôtel

Most French hotels charge for the room, not for the number of people occupying it. For one person there are no problems – *une chambre pour une personne* will be a single room. If it's a room for two you may have to choose between twin beds or a double bed – *une chambre à deux lits ou une chambre avec grand lit.* Virtually all rooms have a hand basin, which is sometimes screened off and called *un cabinet de toilette,* though in this case there should be a bidet as well. Generally hotel owners are more precise, and specify just what goes with the room – *une douche* (a shower), *une douche et un w.c.,* or *une salle de bains* – in which case you'll have everything. By law the price of a room must be made clear before you take it – and the price should be marked on a card on the back of the door, so there are plenty of opportunities to check.

Tout compris ?

In France, as in Britain nowadays, a number of additional charges can appear on your bill – especially in hotels and restaurants.

Depending on the establishment these could include the service charge (*le service*), VAT (*la t.v.a.*) or just plain taxes (*les taxes*). If you want to be sure of exactly how much you are going to pay for a room, a meal, or hiring a car, ask: *le service est compris ?* (is service included ?), *le petit déjeuner est compris ?* (is breakfast included ?), *l'assurance est comprise ?* (is insurance included ?). If you're lucky you'll be quoted a price *tout compris* (all inclusive).

à la pharmacie

You'll recognise the chemist's – *la pharmacie* – by the standard signs outside: a cross or the wand of Mercury. The staff are all trained pharmacists – *pharmaciens* – and will be glad to suggest remedies for minor ailments or accidents. The actual format of the medicine will vary, for while in Britain medicine tends to come as pills or mixtures to be swallowed, in France there are other possibilities.

Pills exist, of course – *un comprimé, un cachet* or *une pilule*. (*La pilule* usually refers to the contraceptive pill.) Suppositories are widely used too (*un suppositoire*), particularly for medicines that are liable to upset the digestive system. If *le pharmacien* sees the trouble is serious, he'll tell you you must call the doctor – *il faut appeler le médecin.*

Exercices

1

Like Gérard you're in a vile mood. You hate everyone and everything.

> Vous aimez **le camembert** ? – Non, je **le** déteste
> 1 Vous aimez Jacques Brel ?
> 2 Vous aimez la télévision ?
> 3 Vous aimez le cinéma français ?
> 4 Vous aimez la chasse ?
> 5 Vous aimez les Anglais ?
> 6 Vous aimez cet hôtel ?
> 7 Vous aimez les blondes ?
> 8 Vous aimez Brahms?
> 9 Vous aimez les self-services ?
> 10 Vous aimez 'Ensemble' ?

2

You're always in a fix. Say what you need in each situation. (The words to use: *dix francs, veste, cigarette, travail, garage, bain, argent, psychiatre, aide, tire-bouchon*)

Your hair's too long – J'ai besoin d'**une coupe de cheveux**

1 You're broke
2 You want to open your bottle of wine
3 Your car's broken down
4 You owe the taxi driver ten francs
5 Your only jacket is threadbare
6 You're dying for a smoke
7 You think you're having a nervous breakdown
8 You're filthy dirty
9 You can't lift a heavy box on your own.
10 You're out of work

3

What are your holiday plans? Answer the journalist . . .

Le journaliste	Qu'est-ce que vous allez faire pendant les vacances?
Vous	(you're going to spend a few days in the country)
Le journaliste	Ah bon? Vous avez des amis à la campagne?
Vous	(your sister has a house in the country)
Le journaliste	Vous allez passer toutes les vacances avec votre famille?
Vous	(no; you intend spending a few days in Paris too)
Le journaliste	Pour faire du tourisme?
Vous	(for your work, but for tourism too)
Le journaliste	Qu'est-ce que vous allez faire à Paris?
Vous	(you are going to buy some books and you're going to visit the Louvre)
Le journaliste	Et le soir?
Vous	(you love the theatre)
Le journaliste	Et les concerts?
Vous	(you're going to go to the *Opéra*)
Le journaliste	Et au point de vue gastronomie?
Vous	(you're thinking of eating in a little restaurant in Montmartre)
Le journaliste	Eh bien, bonnes vacances. Je vous remercie.
Vous	(you're welcome; goodbye)

4

Two friends of yours, middle aged sisters, are coming on a visit. They've asked you to book them into a nice hotel with modern plumbing . . .

Le patron	Bonjour, vous désirez?
Vous	(greetings; has he a room please?)
Le patron	Je regrette, l'hôtel est complet ce soir.
Vous	(it's for Thursday)
Le patron	Pour jeudi? Oui, jeudi, ça va. C'est pour combien de personnes?
Vous	(it's for two people)

Le patron	Alors, j'ai deux chambres, une avec cabinet de toilette, une avec salle de bains.
Vous	(you'd like one room only; has he a room with twin beds?)
Le patron	Oui, la chambre 25 a deux lits.
Vous	(perfect! How much is it?)
Le patron	La chambre 25 fait 70 francs.
Vous	(is breakfast included?)
Le patron	Oui, c'est 70 francs tout compris.
Vous	(very good; you'll take room 25)
Le patron	C'est pour une nuit seulement?
Vous	(no, it's for three nights; all right?)
Le patron	Très bien. C'est noté. C'est à quel nom?
Vous	(Mrs Beauchamp and Miss Latrombe)
Le patron	Très bien. Je vous remercie.

Radio

Compréhension

As often happens at this time of year, Annick's husband suddenly came down with an attack of 'flu (la grippe). *His temperature was 39°, so Annick went round to* la pharmacie *(the chemist's) for a remedy.*

Annick	Bonjour monsieur.
Le pharmacien	Bonjour madame.
Annick	Mon mari a la grippe. Voulez-vous me donner quelque chose, s'il vous plaît?
Le pharmacien	Euh, oui. Est-ce qu'il a de la température?
Annick	Ah oui, il a trente-neuf. (39°).
Le pharmacien	Bien. Alors écoutez, s'il a de la température je vais vous donner des suppositoires – et puis en plus je vais vous donner des comprimés, euh trois par jour, entre les repas.
Annick	Merci.
Le pharmacien	Alors, attention madame, si dans deux jours il a encore de la température, il faut appeler le médecin, hein?
Annick	Mmm. Merci.
Le pharmacien	C'est tout madame?
Annick	Oui, c'est tout.
Le pharmacien	Voulez-vous passer à la caisse, madame?
Annick	Oui, merci beaucoup monsieur. Au revoir monsieur.
Le pharmacien	Au revoir madame. Merci.

Expressions

voulez-vous me donner?	*will you give me?*
en plus	*as well*
trois par jour	*three a day*
il faut appeler le médecin	*you must call the doctor*

Revision

Télévision

Early morning in the Bois de Boulogne. A TV reporter. In the background a group of athletes.

Le reporter	Chers téléspectateurs, voilà un reportage spécial. Où êtes-vous à six heures du matin? Au lit, bien sûr. Mais tous les matins ici au Bois de Boulogne il y a des dizaines de sportifs à l'entraînement. Pourquoi? Et maintenant la réponse de ces athlètes. (*He approaches a panting athlete, Marcel.*) Télévision française. Voulez-vous répondre à quelques questions?
Marcel	Certainement. Mais je continue mes exercices.
Le reporter	Je vous en prie. Quel âge avez-vous?
Marcel	J'ai trente ans.
Le reporter	Qu'est-ce que vous faites dans la vie?
Marcel	Je suis professeur d'anatomie.
Le reporter	Vous venez ici tous les jours?
Marcel	Oui, tous les matins.
Le reporter	A quelle heure?
Marcel	A six heures et demie.
Le reporter	Vous avez du courage.
Marcel	Oui. Je fais un petit sprint dans les bois, je prends ma douche, mon petit déjeuner, et je vais au travail.
Le reporter	Comment?
Marcel	A pied, bien sûr.
Le reporter	Quel courage! Qu'est-ce que vous mangez normalement?
Marcel	Je mange beaucoup de fruits, beaucoup de biftecks et beaucoup de salades.
Le reporter	Est-ce que vous fumez?
Marcel	Ah non, je ne fume pas.
Le reporter	Et l'alcool?
Marcel	Je ne bois pas d'alcool.
Le reporter	A quelle heure allez-vous au lit?
Marcel	A dix heures juste. J'ai besoin de beaucoup de sommeil.
Le reporter	Pas de cigarettes, pas d'alcool, beaucoup de sommeil! Formidable! Et tout ça pour le sport?
Marcel	Mais non, c'est pour les femmes!

Expressions

au lit	*in bed*
tous les matins	*every morning*
à l'entraînement	*out training*
quel âge avez-vous?	*how old are you?*
qu'est-ce que vous faites dans la vie?	*What do you do for a living?*
quel courage!	*what stamina!*
tout ça pour le sport?	*all that for the sake of sport?*

Un grand
ensemble, Sarcelles

**Les Aventures
de Renard**

Où habitez-vous?

On the banks of the Seine Jeannot, the artist, is painting. Renard, hoping to profit from the art market, is out for a stroll.

Renard	(*to Jeannot*) Est-ce que vous avez d'autres tableaux comme ça?
Jeannot	Oui, oui. (*The noise of a bulldozer startles everyone.*) Chut! Vous allez déranger les amoureux et les poissons.
Navvy	Circulez! Circulez! Il est interdit de stationner sur les quais.
Jeannot	Comment?
Navvy	On fait une nouvelle route.
Jeannot	Ici sur la rive gauche?
Navvy	Oui, et ensuite sur la rive droite. Allez! Circulez! On ne peut pas arrêter le progrès!
Jeannot	C'est un massacre!
Renard	Est-ce qu'on peut voir vos autres tableaux?
Jeannot	Venez chez moi.

They make for the artists' quarter.

Jeannot	J'aime ce quartier tranquille.
Renard	Où habitez-vous?
Jeannot	J'ai une petite chambre sous les toits dans une vieille maison.

On arrival they hear more noise of construction work. A sign reads 'Propriété à vendre pour construction de grand ensemble'. They approach the landlord, M. Moncochon.

Jeannot	Qu'est-ce qu'il y a? On ne peut pas rester ici?
M. Moncochon	Désolé, mais c'est le progrès. J'ai une autre chambre pour vous.
Jeannot	Mais je préfère —
M. Moncochon	Voici votre nouvelle adresse et votre clé.

A month later, inside Jeannot's modern flat in a high-rise development in the suburbs.

Renard	(*confidently*) Le public aime vos tableaux. J'ai l'intention d'organiser une grande exposition.

131

Jeannot	C'est impossible. Je déteste tous ces grands ensembles. Je ne peux plus peindre. Je voudrais mourir.
Renard	Du courage! J'ai une idée! *He whispers to Jeannot. Later we see Jeannot transforming the lugubrious 'grand ensemble' into a riot of colour. He paints walls, doors, courtyards.*
Jeannot	Maintenant je suis content, je peux peindre. *Renard makes a small profit by charging curious sightseers.*
Renard	Et moi, je vais faire fortune! Ça, c'est le progrès!

Expressions

circulez	*keep moving*
venez chez moi	*come to my house*
à vendre	*for sale*
le grand ensemble	*high-rise block of flats*
je ne peux plus peindre	*I can't paint any more*
je vais faire fortune	*I'm going to make a fortune*

L'Amour de la Vie — Résumé

'Un impossible amour' — 'Love impossible'

Michel's love for **Sarah** is thwarted by the bonds of gypsy tradition, of which she is a helpless prisoner. A good luck charm, which she gives him as a sign of her love, is his only solace. Apart, that is, from **Mme Lenoir**, whose charms are immediately available, as always. Her attempts to seduce him include an intoxicating mixture of Sangria, and a visit to a typical Camargue ferrade, or bull-branding ceremony, both of which he manfully resists...

Radio

1

We thought it would be useful to hear from some French people about the conditions of everyday life: do they live in houses or flats, do they keep pets, what domestic appliances (appareils ménagers) do they have? First, Jean spoke to a woman who has a rather unusual pet...

Jean	Pardon mademoiselle, qu'est-ce que vous faites dans la vie si ce n'est pas indiscret?
La femme	Je suis étudiante en documentation.
Jean	Vous êtes mariée?
La femme	Oui.
Jean	Et vous avez des enfants?
La femme	Non, je n'ai pas d'enfants, car je suis beaucoup plus libre sans enfants.
Jean	Est-ce que vous habitez une maison ou un appartement?
La femme	J'habite un appartement dans une très vieille maison.
Jean	Et qu'est-ce que vous avez comme pièces?

La femme	J'ai deux pièces, une chambre et une cuisine.
Jean	Est-ce que vous avez des appareils ménagers?
La femme	J'ai quelques appareils ménagers, par exemple un frigidaire, un couteau électrique et un mixer.
Jean	Est-ce que vous avez la télévision?
La femme	Non, je n'ai pas la télévision, car je préfère lire le soir.
Jean	Et le téléphone?
La femme	Non, je n'ai pas le téléphone.
Jean	Est-ce que vous avez des animaux domestiques?
La femme	Non, je n'ai pas d'animaux domestiques. Sauf mon mari!
Jean	Et d'une façon générale, comment trouvez-vous la vie à Dijon?
La femme	Dijon est triste car le climat est froid mais j'aime Dijon car il y a beaucoup de cinémas et d'activités culturelles. Dijon est près de Paris, c'est une petite ville charmante et pas très loin de la campagne.
Jean	Merci bien.
La femme	Au revoir monsieur.

2*

. . . then Annick talked to a working mother who likes dogs . . .

Annick	Pardon madame, vous êtes de Dijon?
La femme	Je suis de Dijon.
Annick	Et si ce n'est pas indiscret, que faites-vous dans la vie?
La femme	Je suis commerçante.
Annick	Oui, et vous êtes mariée?
La femme	Je suis mariée.
Annick	Vous avez des enfants?
La femme	J'ai deux enfants. J'habite une maison particulière avec un petit jardin.
Annick	Quelles pièces?
La femme	J'ai une cuisine, j'ai une salle de bains, un séjour et trois chambres.
Annick	Oui, vous avez le téléphone chez vous?
La femme	J'ai le téléphone.
Annick	Et la télévision?
La femme	La télévision.
Annick	Un couteau électrique?
La femme	Non, non, non, non, non.
Annick	Ou un mixer?
La femme	Un mixer également.
Annick	Oui. Un aspirateur?
La femme	Un aspirateur.
Annick	Vous avez des animaux domestiques?
La femme	J'ai deux chiens.
Annick	Quelles sortes de chiens?
La femme	J'ai un cocker noir âgé de douze ans et un petit teckel âgé de deux ans.
Annick	Oui? Merci. Comment trouvez-vous la vie à Dijon?
La femme	La ville est très belle, elle est ancienne, elle est très agréable, et la campagne est très proche.
Annick	Eh bien, merci beaucoup madame. Au revoir madame.

3*

. . . and to a Belgian businessman who prefers living in flats . . .

Annick	Pardon monsieur, vous êtes de Dijon ?
L'homme	Non, je ne suis pas de Dijon. Je suis bruxellois.
Annick	Ah vous êtes de Bruxelles.
L'homme	C'est ça. Je suis belge.
Annick	Oui, et si ce n'est pas indiscret, que faites-vous dans la vie ?
L'homme	Je suis directeur d'une firme.
Annick	Vous êtes marié, célibataire ?
L'homme	Non, marié.
Annick	Vous êtes marié. Vous avez des enfants ?
L'homme	Un. Un petit garçon.
Annick	Oui, et vous habitez un appartement ou une maison ?
L'homme	Un appartement ici à Dijon, et un appartement à Bruxelles également.
Annick	Et par exemple à Dijon, vous avez quelles pièces dans votre appartement?
L'homme	C'est un F.3 (trois) c'est à dire trois pièces habitables — une salle de séjour et une chambre et une cuisine.
Annick	Oui. Vous avez le téléphone chez vous ?
L'homme	Oui, j'ai le téléphone.
Annick	Et la télévision ?
L'homme	Et la télévision également. Je suis un grand adepte de la télévision.
Annick	Qu'est-ce que vous avez comme appareils ménagers chez vous ?
L'homme	Machine à laver, télévision. Machine à laver la vaisselle, non.
Annick	Non. Frigidaire ?
L'homme	Frigidaire.
Annick	Aspirateur ?
L'homme	Aspirateur, oui.
Annick	Mixer ?
L'homme	Mixer, oui.
Annick	Vous avez des animaux domestiques ?
L'homme	Non, je n'ai pas d'animaux parce que les animaux ne sont pas heureux dans un appartement.
Annick	Comment trouvez-vous la vie à Dijon ?
L'homme	Très agréable. C'est une ville, euh, très touristique.
Annick	Bon, eh bien merci beaucoup monsieur.
L'homme	Mais de rien madame.

Expressions

qu'est-ce que vous faites/que faites-vous dans la vie ?	*what do you do for a living ?*
en documentation	*in librarianship*
qu'est-ce que vous avez comme . . .?	*what do you have in the way of . . .?*
sauf mon mari	*except for my husband*
d'une façon générale	*generally speaking*
comment trouvez-vous ?	*how do you find . . .?*
âgé de douze ans	*twelve years old*
de rien	*not at all, you're welcome*

---

chez nous

The general word for a room is *une pièce. Une salle* is usually a large hall for meetings or concerts, although it is also used for rooms for specific activities: *une salle à manger* (a dining room), and *une salle de bains* (a bathroom). *Une chambre* is reserved for bedrooms. So if you want to say nice things about your hostess's drawing room the word you use is *une pièce – Quelle pièce agréable*! The other main rooms in most houses and flats are *l'entrée* (entrance hall) which leads to *la cuisine* (kitchen), *les chambres, la salle de bains* and *la salle à manger.* There is some indecision about the living room: if it's a drawing room, then it's called *le salon,* but if it's more informal in style it's *la salle de séjour,* usually shortened to *le séjour,* or sometimes *le living-room* or *le living.* (Attempts were made to introduce *le vivoir* to avoid franglais, but somehow it never caught on.)

Un F3

This is the *official* description of a flat which has three rooms in addition to the kitchen and bathroom. On the whole, French flat-dwellers are more likely to describe their flats in terms of square metres (*mètres carrés*) of floor area – or as *un F2, F3* etc. – than to talk about the number of bedrooms.

les animaux domestiques

Traditionally the English are supposed to be the most pet-conscious nation in the world. But according to the latest statistics, the country at the top of the pet league is now France, with an estimated minimum pet population of 8 million cats and $6\frac{1}{2}$ million dogs, not counting canaries, hamsters, boa constrictors . . .

La rive droite . . .

la rive droite – la rive gauche

Paris began as a small settlement on an island in the middle of the Seine – now *l'Ile de la Cité.* As the city grew it spread out on both sides of the river. The right bank (*la rive droite*) held the main royal palaces and, consequently, became the business centre, while the left bank (*la rive gauche*) grew up round the university, la Sorbonne. Of course, there is no longer such a clear-cut distinction between the two sides of the river, but the financial centres are still mainly on *la rive droite*, while *la rive gauche* is still associated with intellectual and artistic life.

. . . et la rive gauche

1
Verbs

Here are the four commonest verbs

être (be)	je suis vous êtes il/elle/c'est ils/elles/sont	**faire** (make/ do)	je fais vous faites il/elle fait ils/elles font
avoir (have)	j'ai vous avez il/elle a ils/elles ont	**aller** (go)	je vais vous allez il/elle va ils/elles vont

2
Regular verbs

'Regular' verbs are verbs that have a common pattern. Learn one and you know how hundreds of others work. The largest group of regular verbs have infinitives ending in **-er**. Over fifty have appeared in the series so far (e.g. aimer, détester, quitter, habiter, travailler). By now you should be able to use these verbs with **je**, **il**, **elle** and **vous**. The forms for **je**, **il** and **elle** are identical. The form for **vous** ends in **-ez**.

	travailler	aimer	habiter	manger
je/il/elle	**travaille**	**aime**	**habite**	**mange**
vous	**travaillez**	**aimez**	**habitez**	**mangez**

3

A number of verbs can be used in coordination with other verbs to convey ideas like *being able, wanting, liking, needing, intending,* etc. We have introduced the following:

I'd like to	**je voudrais**	
Would you like to? *Will you?*	**voulez-vous . . .?**	
I'm going to	**je vais**	
You're going to	**vous allez**	
I like to	**j'aime**	regarder la télévision.
I'm thinking of	**je pense**	
I love	**j'adore**	
I intend to	**j'ai l'intention de**	
I need to	**j'ai besoin de**	
one can, you can	**on peut**	

4

Negatives

The basic negative is **ne . . . pas**

More precise forms:
ne . . . plus (no longer, no more)

Je **ne** vais **plus** à Paris (I don't go to Paris any more)

ne . . . jamais (never)

Je **ne** vais **jamais** à Paris (I never go to Paris)

ne . . . personne (nobody)

Mme Latrombe **n'**aime **personne**.
Personne n'aime Mme Latrombe.

5

Adding information to nouns

a) quel . . . ! what a . . . !

quel, quelle, quels, quelles can be used to exclaim in general terms:

Quel homme! *What a man!*   Quelle femme! *What a woman!*

or more precisely, about qualities:

Quel grand homme! *What a great man!*
Quelle jolie femme! *What a pretty woman!*

b) quel . . . ? which . . . ?

quel fromage	
quelle couleur	préférez-vous?
quels vins	
quelles femmes	

c) tout . . . all . . .

	S	P
Masc.	tout	tous
Fem.	toute	toutes

	tout le jazz
j'adore	**toute** la famille
	tous les vins de Bourgogne
	toutes les femmes

tout on its own means 'everything', and **tout le monde** 'everybody'.

d) ce this/that

	S	P
Masc.	ce cet (before vowel)	ces
Fem.	cette	

Ce train
Cet avion
Cette voiture

	voitures
Ces	trains
	avions

6

Time

a) *periods*

aujourd'hui *today.*	mardi dernier *last Tuesday.*
tous les jours *every day.*	mercredi *Wednesday.*
la semaine prochaine *next week.*	jeudi *Thursday.*
cette semaine *this week.*	le vendredi treize *Friday the 13th.*
la semaine dernière *last week.*	le samedi quatorze *Saturday the 14th.*
lundi prochain *next Monday.*	le dimanche vingt et un *Sunday the 21st.*

b) *the time of day*

Quelle heure est-il?

– Il est quatre heures (du matin)
      cinq heures (de l'après-midi)
      huit heures (du soir)
      midi
      minuit

9h   – neuf heures
9h05 – neuf heures cinq
9h15 – neuf heures quinze *or* neuf heures et quart
9h30 – neuf heures trente *or* neuf heures et demie
9h45 – neuf heures quarante-cinq *or* dix heures moins le quart
9h50 – neuf heures cinquante *or* dix heures moins dix

7
Directions and locations
Où est la gare

a) general direction:

C'est tout droit	straight on
C'est à droite	right
C'est à gauche	left

b) rough distance

C'est tout près	very near
C'est près	near
C'est loin	far
C'est très loin	very far

c) the distance?

C'est à cinq cents mètres	500 metres away
C'est à trois kilomètres	3 kilometres away

d) how long to get there?

C'est à dix minutes à pied	ten minutes' walk
C'est à vingt minutes en voiture	twenty minutes by car

e) which street?

Rue Jeanne d'Arc
Dans la rue Jeanne d'Arc

La première rue | à gauche
                   | à droite

f) locations using prepositions

dans le musée	in the museum
sur la table	on the table
sous le lit	under the bed
devant la gare	in front of the station
derrière le garage	behind the garage
chez Mme Latrombe	at Mme Latrombe's

g) locations, using expressions with **de**

à droite de	to the right of
à gauche de	to the left of
à l'intérieur de	inside
à l'extérieur de	outside
à côté de	beside
à 100 mètres de	100 metres from

1

Choose the appropriate words or expressions to complete these sentences:

1 Vous aimez le rôti de boeuf?–Ah non, je | voudrais / déteste / préfère | toutes les viandes.

2 Est-ce qu'on | a / aime / peut | garer la voiture ici | s'il vous plaît? / si vous voulez. / je vous en prie.

3 J'ai l'intention d' | il y a / acheter / a | beaucoup | des / de / les | cadeaux.

4 Je voudrais | chez madame Latrombe. / du pain. / de pain.

5 Vous allez | aux / à la / au | restaurant? | Bon appétit! / Bon voyage! / Photos interdites!

6 Pardon, quelle heure | est-il? / est-elle? / peut-on? | Il y a / Ça fait / Il est | sept heures.

7 Voulez-vous du café? | Non, je ne vais plus au café. / Là-bas, à côté de la gare. / Oui, s'il vous plaît.

8 Vous aimez | le / du / la | beaujolais? Oui, mais je | préférez / préfère / préférer | le café.

9 Quand est-ce qu'on peut | visitez le musée? / visiter le musée? / le musée? | Oui, bien sûr. / Tous les jours. / Avec Mme Latrombe.

10 Vous avez besoin de | un / - / le | café?

11 Si vous voulez des cartes | postal, / postales, / postale, | allez | à / aux / au | grands magasins.

12 Où est-ce qu' | je / Jean / on | peut manger par ici? | Au restaurant Griffon. / Tout droit. / A huit heures.

13 Où | est / sont / il y a | les grands magasins? | Le / Des / Les | voilà, là-bas.

14 Je | voudrais / ne sais pas / vais | chez mes parents avec | mon / ma / mes | mari.

15 Où / Qui / Quand | Allez-vous? Je pense | aller à la campagne. / aller. / la campagne.

140

16 La pharmacie est | entre / à gauche / parce que | l'épicerie et le cinéma.

17 Où est mon sac? – Voici | mes / vos / votre | sac.

18 Toutes les / Toute / Tous les | champagnes sont chers.

19 Vous allez au lit | qui? / à quelle heure? / combien?

20 Vous avez / Faites-vous / Voulez-vous | répondre à | cette / ces / cet | questions?

21 Quel / Quelles / Quels | sont vos actrices | préféré? / préférés? / préférées?

22 Je voudrais / Je préfère / J'ai l'intention | d'acheter une | grande / grands / grand | voiture.

23 Je | déteste / aime / adore | les betteraves. | Quels / Quel / Quelle | horreur!

24 Je vais | aller / prendre / à Paris | une semaine de vacances.

25 Voulez-vous | votre / vos / vous | billets?

26 Je voudrais manger. J'ai | faim. / froid. / trois enfants.

27 Les maisons modernes? Je ne | la / l' / les | aime pas.

28 Monsieur Delambre travaille | tous / tous les / tout le | matins.

29 L'avenue Molière? Vous allez | la gare. / tout droit. / la rue à gauche.

30 Le / Combien / Quel | numéro voulez-vous?

31 Il y a un musée dans | ce / cet / cette | ville?

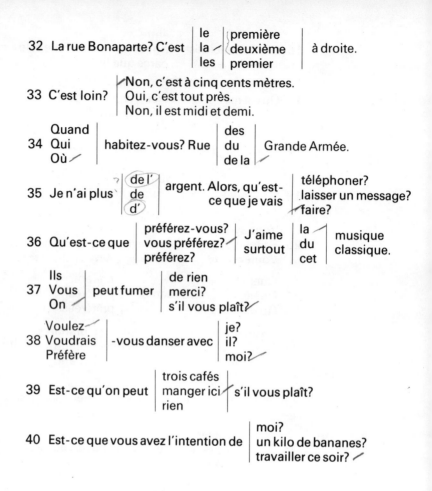

32 La rue Bonaparte? C'est | le / la / les | première / deuxième / premier | à droite.

33 C'est loin? | Non, c'est à cinq cents mètres. / Oui, c'est tout près. / Non, il est midi et demi.

34 Quand / Qui / Où | habitez-vous? Rue | des / du / de la | Grande Armée.

35 Je n'ai plus | de l' / de / d' | argent. Alors, qu'est-ce que je vais | téléphoner? / laisser un message? / faire?

36 Qu'est-ce que | préférez-vous? / vous préférez? / préférez? | J'aime surtout | la / du / cet | musique classique.

37 Ils / Vous / On | peut fumer | de rien merci? / s'il vous plaît?

38 Voulez / Voudrais / Préfère | -vous danser avec | je? / il? / moi?

39 Est-ce qu'on peut | trois cafés / manger ici / rien | s'il vous plaît?

40 Est-ce que vous avez l'intention de | moi? / un kilo de bananes? / travailler ce soir?

2

A couple are at the railway information desk finding out about train times. Can you rearrange these sentences to form a coherent dialogue?

A **Les clients**   1 Oui — et quand est-ce qu'on arrive à Digne?
B **L'employé**   2 C'est ça !
C **La cliente**   3 Pour aller à Digne, s'il vous plaît ?
D **L'employé**   4 Alors, vous avez un train à 10 heures, avec changement à Marseille.
E **La cliente**   5 Bonjour monsieur.
F **L'employé**   6 Très bien, on arrive à l'heure du déjeuner.
G **La cliente**   7 Digne, oui. Matin ou soir ?
H **L'employé**   8 Bonjour messieurs-dames. Vous désirez?
I **La cliente**   9 Merci bien, monsieur. Au revoir.
J **L'employé**   10 Vous êtes à Digne à treize heures quinze.
K **La cliente**   11 Le matin, si c'est possible.
L **L'employé**   12 Au revoir, messieurs-dames.

3

Fill in the gaps in this text.

Missing elements:

séjour	je voudrais	de la	il y a
près	on peut	besoin	préfère
en médecine	travaille	suis	déteste
du	j'habite	salle	

Madame Z. parle de sa vie . . .

Mon mari _travaille_ dans une banque et je _suis_ étudiante _en méd_. _j'hab_ un petit appartement dans une maison ancienne, près _du_ centre _de la_ ville. _il y a_ deux pièces: une petite chambre et une salle de _séj_, avec, bien sûr, une cuisine et une _salle_ de bains. _je vou_ un appartement plus grand ou une maison – je _préfè_ habiter une maison. Mais l'appartement est tranquille et _près_ de mon travail: _on peut_ partir le matin dix minutes avant le travail, et on n'a pas _beson_ de prendre l'autobus – je _déteste_ l'autobus le matin!

Adjectives

Adjectives show gender and number in various ways.

1
Gender : masculine and feminine
A. No change in spelling or pronunciation : singular forms ending in –e are the same for masculine and feminine.
calme facile grave honnête riche simple

un homme honnête
une femme honnête
un problème simple
une question simple

B. The spelling changes, but not the pronunciation: When the masculine ends in –u, i–, or –é, add an –e to form the feminine.

bleu   bleue
désolé   désolée
joli   jolie

NB Masculine final **–el** becomes **–elle** in the feminine

naturel   naturelle
spirituel   spirituelle

C. The spelling and pronunciation both change:
a. The most common change is for adjectives to add an –e in the feminine. This involves pronouncing the final consonant, which is silent in the masculine.

content   contente
grand   grande
gratuit   gratuite
gris   grise
petit   petite
vert   verte

and adjectives ending in the suffixes:
–ant –ais –ois
charmant   charmante
français   française
bruxellois   bruxelloise

b. Some adjectives double the final consonant *and* add –e to form the feminine:
gros   grosse
bon   bonne
moyen   moyenne

c. Others involve a change in the whole final syllable:
indiscret   indiscrète
inquiet   inquiète
premier   première

d. And with some adjectives an –e is added to form the feminine and the final consonant is changed too:
actif   active
blanc   blanche
doux   douce
heureux   heureuse

2
Number : singular and plural
Most plurals are formed by adding –s (which is not pronounced).
un homme riche
deux hommes riches

When the singular ends in –s or –x there is no change.
un homme heureux
deux hommes heureux

There are some special cases. The commonest are:

nouveau :

	S	P
M	nouveau (nouvel before vowel)	nouveaux
F	nouvelle	nouvelles

vieux :

	S	P
M	vieux (vieil before vowel)	vieux
F	vieille	vieilles

Answers to exercises

1
1 C'est une poule.
2 C'est un chanteur.
3 C'est un gendarme.
4 C'est un musicien.
5 C'est une princesse.
6 C'est une carte d'identité.
7 C'est un poulet.
8 C'est un acteur.
9 Je ne sais pas.

2
2 Non, ce n'est pas un poulet, c'est un chanteur.
3 Non, ce n'est pas une carte d'identité, c'est un gendarme.
4 Non, ce n'est pas un acteur, c'est un musicien.
5 Non, ce n'est pas un musicien, c'est une princesse.
6 Non, ce n'est pas un chanteur, c'est une carte d'identité.
7 Non, ce n'est pas une poule, c'est un poulet.
8 Non, ce n'est pas un gendarme, c'est un acteur.

3
2 Non, ce n'est pas Brigitte Bardot, c'est Maurice Chevalier.
3 Non, ce n'est pas le prince Charles, c'est Napoléon.
4 Non, ce n'est pas Charlie Chaplin, c'est Charles de Gaulle.
5 Non, ce n'est pas Pablo Picasso, c'est le prince Charles.
6 Oui, c'est Grace Kelly.
7 Non, ce n'est pas Napoléon, c'est Charlie Chaplin.
8 Non, ce n'est pas Charles de Gaulle, c'est Pablo Picasso.

4
1 Qu'est-ce que c'est ?
2 Qui est-ce ?
3 Qui est-ce ?
4 Qu'est-ce que c'est ?
5 Qu'est-ce que c'est ?
6 Qui est-ce ?
7 Qui est-ce ?
8 Qu'est-ce que c'est ?
9 Qui est-ce ?
10 Qu'est-ce que c'est ?

5
1 Bonjour madame.
2 Bonjour mesdames.
3 Bonjour monsieur.
4 Au revoir madame, au revoir monsieur (*or* au revoir messieurs-dames).
5 Au revoir messieurs, merci.
6 Bonsoir mademoiselle.
7 Bonsoir madame.

Chapter 2

1

1 Oui, Jeanne d'Arc est française.
2 Non, Gréta Garbo n'est pas française.
3 Oui, Louis XIV est français.
4 Oui, Louis Pasteur est Français.
5 Non, Ingmar Bergman n'est pas français.
6 Oui, Victor Hugo est français.
7 Oui, Madame de Pompadour est française.
8 Oui, Charles Aznavour est français.
9 Non, Marlène Dietrich n'est pas française.
10 Oui, l'inspecteur Maigret est français.

2

1 Oui, elle est de Versailles.
2 Non, il n'est pas de Brest. Il est de Dijon.
3 Non, elle n'est pas d'Orange. Elle est de Toulouse.
4 Oui, elle est de Toulon.
5 Non, il n'est pas de Bordeaux. Il est de Lille.
6 Oui, elle est d'Alençon.
7 Oui, Madame de Pompadour est française.
8 Non, elle n'est pas de Nice. Elle est d'Orléans.
9 Non, il n'est pas de Rennes. Il est de Cherbourg.
10 Non, je ne suis pas de Paris. Je suis de . . . (your town).

3

2 Mademoiselle Bonsoins est infirmière.
3 Monsieur Pinceau est artiste.
4 Mademoiselle Bûche est étudiante.
5 Monsieur Béton est architecte.
6 Madame Charme est sorcière.
7 Monsieur Potasse est étudiant.
8 Monsieur Bémol est musicien.

4

1 Madame Dufour n'est pas intelligente.
2 Monsieur Frappier n'est pas charmant.
3 Mademoiselle Hennebique n'est pas amoureuse.
4 Monsieur Jérôme n'est pas content.
5 Madame Martin n'est pas morte.
6 Monsieur Oscar n'est pas furieux.
7 Madame Quentin n'est pas galante.
8 Monsieur Séguy n'est pas heureux.
9 Madame Valentin n'est pas bruyante.

5

1 Je m'appelle Bernard.
2 Non, je ne suis pas de Paris. Je suis de Liverpool.
3 Oui, je suis anglais.
4 Je suis marié.
5 Non, je ne suis pas artiste. Je suis philosophe.
6 Non, je ne suis pas riche.

6

1 Non, je ne suis pas français. Je suis anglais.
2 Non, je ne suis pas de Londres. Je suis de Manchester.
3 Oui, je suis en vacances à Monte Carlo.
4 Non, je ne suis pas marié.
5 Je m'appelle Martin.

Chapter 3

1
1 Pardon, il y a une banque par ici ?
2 Pardon, il y a un hôtel par ici ?
3 Pardon, il y a un garage par ici ?
4 Pardon, il y a une pharmacie par ici ?
5 Pardon, il y a un terrain de camping par ici ?
6 Pardon, il y a une épicerie par ici ?
7 Pardon, il y a un supermarché par ici ?
8 Pardon, il y a un grand magasin par ici ?

2
1 Le garage est place de la Cathédrale.
2 Oui, il y a une épicerie rue Diderot.
3 Les grands magasins sont rue de la République.
4 Oui, il y a un restaurant rue Diderot.
5 Le musée est place Voltaire.
6 Oui, il y a une pâtisserie rue Condillac.
7 Oui, il y a un supermarché place de la Gare.
8 Les cafés sont place Voltaire.

1 Il y a un restaurant par ici ?
2 Il y a une pâtisserie par ici ?
3 Où est le musée ?
4 C'est loin ?
5 Où sont les cafés ?
6 Il y a un supermarché par ici ?
7 Il y a une pharmacie par ici?

3
Tourist 1
Oui, il y a un cinéma rue de la République.
Non, à deux minutes à pied.
Tourist 2
Oui, juste en face, là.
Je vous en prie (*or* De rien).
Tourist 3
Oui, pas loin.
Le garage est place de la Cathédrale.
Non, par là.

4
Excusez-moi, madame, il y a (*or* est-ce qu'il y a) une pharmacie par ici ?
C'est loin ?
Merci — par là?
Merci. Au revoir madame.

Excusez-moi, mademoiselle, il y a (*or* est-ce qu'il y a) un hôtel par ici ?
C'est loin ?
Où est la rue de la République ?
Bon, merci, au revoir mademoiselle

Pardon, où est la gare s'il vous plaît ?
Où est la place de la Gare? C'est loin?
Merci, au revoir.

5
1 Le voilà. 2 Les voilà. 3 Les voilà.
4 La voilà. 5 Le voilà. 6 La voilà. 7 La voilà.

Chapter 4

1

1 Oui, je voudrais un kilo de beurre s'il vous plaît.
2 Oui, je voudrais une tranche de pâté s'il vous plaît.
3 Oui, je voudrais une bouteille de vin s'il vous plaît.
4 Oui, je voudrais un peu de gruyère s'il vous plaît.
5 Oui, je voudrais cinq bouteilles de champagne s'il vous plaît.
6 Oui, je voudrais un litre de bière s'il vous plaît.
7 Oui, je voudrais un peu d'aligoté s'il vous plaît.
8 Oui, je voudrais deux kilos de bananes s'il vous plaît.
9 Oui, je voudrais quatre brioches s'il vous plaît.
10 Oui, je voudrais trois croissants s'il vous plaît.

2

1 Désolé, je n'ai pas de sardines.
2 Désolé, je n'ai pas de confiture.
3 Désolé, je n'ai pas de champagne.
4 Désolé, je n'ai pas de bière.
5 Désolé, je n'ai pas de croissants.
6 Désolé, je n'ai pas de brioches.
7 Désolé, je n'ai pas d'aligoté.
8 Désolé, je n'ai pas de bananes.
9 Désolé, je n'ai pas de vin ordinaire.
10 Désolé, je n'ai pas de cuisses de grenouilles.

3

Un café et un thé s'il vous plaît.
Café crème (or café au lait), s'il vous plaît. Vous avez
(or avez-vous) des croissants?
Je voudrais du pain, du beurre et un peu de confiture
    s'il vous plaît.
C'est ça. Merci.

4

Bonjour madame.
Je voudrais des bananes s'il vous plaît.
Ça fait combien? (or c'est combien?)
Ça va, merci.
Je voudrais du beurre.
Oui, c'est ça.
Vous avez (or avez-vous) du pain?
Oui, s'il vous plaît. Et je voudrais une bouteille de vin s'il vous plaît.
C'est combien le beaujolais?
Ça va.
C'est tout merci.
Voilà (or voici) vingt francs.
Merci, au revoir.

5

1.E 2.F 3.D 4.B 5.G 6.I 7.H 8.A 9.C

Chapter 5

1

1 Oui, il est comique.
2 Oui, elle est américaine.
3 Oui, elle est élégante.
4 Oui, elle est petite.
5 Oui, il est noir.

1 Non, elle n'est pas grande.
2 Non, elle n'est pas dynamique.
3 Non, il n'est pas intelligent.
4 Non, il n'est pas français.
5 Non, il n'est pas cher.

2

1 Il est grand aussi.
2 Elles sont contentes aussi.
3 Elle est forte aussi.
4 Ils sont sérieux aussi.
5 Elles sont excellentes aussi.
6 Elles sont contentes aussi.
7 Elle est heureuse aussi.
8 Elle est excellente aussi.

3

1 Je voudrais la grande tasse de café.
2 Je voudrais la grande bouteille de vin rouge.
3 Je voudrais le poulet à vingt francs.
4 Je voudrais la tarte aux pommes.
5 Je voudrais le grand pot de moutarde au vin blanc.
6 Je voudrais la grosse voiture américaine.
7 Je voudrais la grosse boîte de sardines à l'huile.

4

Un grand café noir.
Deux petits chocolats.
Et un petit café au lait (*or* café crème).
Non – deux petits chocolats et un grand café noir.
Vous avez (*or* avez-vous) des croissants?
Quatre s'il vous plaît.
Merci.

5

Bonjour monsieur.
Un kilo de sucre s'il vous plaît.
Je voudrais des yaourts.
Quatre pots de yaourt à la mandarine s'il vous plaît.
Je voudrais des sardines s'il vous plaît.
A la tomate.
Trois boîtes s'il vous plaît.
C'est tout.
Voilà (or *voici*) vingt francs.
Merci. Au revoir.

Try your skill

1

Check you answers to the test on p. 72. Where possible we have given page references so that you can look up and revise anything you are uncertain about.

1 C'est *Catherine Deneuve.* (*Questions and answers* p. 14)
2 Monsieur Lécuyer est *architecte.* (*Professions* p. 25)
3 Vous avez *de la bière?* (*some/any* p. 45)
4 *Joseph Bertin.* (*Titles* p. 19)
5 Madame Saran est *française.* (*Description* p. 25)
6 *Je voudrais* un litre de bière s'il vous plaît. (*You asked for it . . .* p. 45)
7 *Un paquet de café.* (*Questions and answers* p. 14)
8 *Je m'appelle* Sylvie Legrand. (*Personal information* p. 24)
9 *Elle est grande et élégante.* (*Description* p. 25)
10 *Un grand café noir s'il vous plaît.* (*More about shopping* p. 46)
11 *Il y a une pharmacie dans le quartier s'il vous plaît.* (*Availability* p. 33)
12 *Ça fait* combien? (*More about shopping* p. 46)
13 *Place Voltaire.* (*Locations* p. 33)
14 *C'est tout droit.* (*Locations* p. 33)
15 *Comment vous appelez-vous?* (*Titles* p. 19)
16 *Je vous en prie.* (*Thanks* p. 35)
17 *Ça fait douze francs.* (*More about shopping* p. 46)
18 *Non, je suis de Paris.* (*Personal information* p. 24)
19 Monsieur et Madame Lebrun *sont* français. (*Singular and plural* p. 34)
20 *Oui, près de la gare.* (*Locations* p. 33)

21 *Oui, bien sûr.* (*Expressions* p. 10)
22 *Je n'ai plus de pain.* (*Some/any* p. 45)
23 *L'architecte* est *anglais.* (*Description* p. 25)
24 Je voudrais *du* pain s'il vous plaît. (*Some/any* p. 45)
25 Où *est* la gare? Je ne *sais* pas. (*Locations* p. 33 and *Je ne sais pas* p. 15)
26 *Je n'ai pas de croissants. (Some/any* p. 45)
27 Avez-vous du yaourt *à la* framboise s'il vous plaît? (*What's in it* p. 56)
28 Désolé, je n'ai plus *de* yaourts. (*Some/any* p. 45)
29 Est-ce qu'*il y a* un café près d'ici? (*Availability* p. 33)
30 *Très bien, merci.* (*Ça va* p. 35)

2

Monsieur et Madame Dumas sont *français.* Ils *sont* de Dijon. Monsieur Dumas *est* architecte et Madame Dumas est *dentiste,* alors *ils* sont assez *riches.* La maison des Dumas est *grande*; *elle* est à l'extérieur *de la* ville. *C'est* une maison moderne avec *un* grand salon, *une* salle à manger et quatre *grandes* chambres. Près de la maison *il y a* un garage pour deux *voitures.*

3

Madame Dumas est à l'épicerie.

Bonjour *monsieur.*
Bonjour madame. *Vous désirez?*
Je voudrais *de la* bière s'il vous plaît.
Un litre *de* bière, ça va?
Très bien, merci. *Avez-vous* des bananes?
Voici un kilo de bananes. Et avec ça?
Je voudrais aussi *des* sardines.
Désolé, madame, *je n'ai plus* de sardines.
Tant pis. Oh, je voudrais *de la moutarde.*
J'ai *de la* moutarde forte ou de la moutarde *douce.*
Un petit pot de moutarde forte, alors.
Voilà madame. C'est tout?
Oui, c'est tout. Merci, ça fait *combien?*
Quatorze francs s'il *vous plaît.*
Voilà cent francs.
Vous avez de la monnaie?
Désolée, je n'ai pas *de* monnaie. Ah *si*! Voici vingt francs.
Ça va mieux! Voici six francs. *Merci madame.* Au revoir.
Au revoir, monsieur.

Chapter 7

1

1 Oui, je voudrais aller à Dijon.
2 Oui, je voudrais marcher dans les vieilles rues.
3 Oui, je voudrais visiter le Musée des Beaux-Arts.
4 Oui, je voudrais voir le Palais des Ducs.
5 Oui, je voudrais acheter de la moutarde.
6 Oui, je voudrais boire du vin de Bourgogne.
7 Oui, je voudrais bien manger.

2

1 Comment, vous voulez aller à Paris?
2 Comment, vous voulez acheter une robe de Dior?

3 Comment, vous voulez marcher sur les quais de la Seine?
4 Comment, vous voulez visiter les musées?
5 Comment, vous voulez voir les magasins?
6 Comment, vous voulez monter au Sacré Coeur?
7 Comment, vous voulez parler au Président?
8 Comment, vous voulez manger au restaurant?
9 Comment, vous voulez danser avec Sacha Distel?
10 Comment, vous voulez être Jean-Paul Sartre?

3

1 Oui, voici ma carte d'identité.
2 Oui, voici mes chaussettes.
3 Oui, voici mon pantalon.
4 Oui, voici ma veste.
5 Oui, voici mon argent.

6 Oui, voici mon passeport.
7 Oui, voici mes cigarettes.
8 Oui, voici mon sac.
9 Oui, voici mon plan.
10 Oui, voici ma pellicule.

4
J'ai rendez-vous avec Madame Labiche.
C'est de la part de Madame Doubs.
Oui, bien sûr.
Oui, merci. Où est le bureau s'il vous plaît?
Au troisième étage? Est-ce qu'il y a (*or* il y a) un ascenseur?
Merci. Au revoir.

5
Je voudrais parler à Monsieur Papeau s'il vous plaît.
C'est de la part de Madame Doubs.
Oui, à neuf heures.
Bien sûr, merci.

6
Je voudrais voir Mademoiselle Désirée s'il vous plaît.
C'est de la part de Madame Doubs.
Je voudrais laisser un message s'il vous plaît.
Merci. Voici le message.
Au revoir.

Chapter 8

1
1 Non, le cinéma est près du théâtre.
2 Non, la gare est à gauche du Syndicat d'Initiative.
3 Oui, la mairie est loin du Syndicat d'Initiative.
4 Non, le café est près de la mairie.
5 Non, le Syndicat d'Initiative est près de la gare.
6 Non, le théâtre est près de l'église.
7 Oui, le Syndicat d'Initiative est à droite de la gare.
8 Non, le café est près du théâtre.
9 Oui, le cinéma est près du café.
10 Non, l'église est loin du Syndicat d'Initiative.

2
1 Pour aller à Dijon vous prenez le bus et le train.
2 Pour aller à Londres vous prenez le métro et le bateau.
3 Pour aller au port vous prenez le métro.
4 Pour aller à Chaviray vous prenez le car.
5 Pour aller à Montmirail vous prenez l'autoroute.

6 Pour aller à New York vous prenez le métro et l'avion.
7 Pour aller à l'aéroport vous prenez le métro.

3

1 Le bateau va du port à Londres.
2 Le car va du centre ville à Chaviray.
3 L'avion va de l'aéroport à New York.
4 L'autoroute va du centre ville à Montmirail.
5 Le train va de la gare à Dijon.
6 Le métro va du centre ville à l'aéroport et au port.

4

1 Vous allez à la gare ? Prenez le bus.
2 Vous allez à Montmirail ? Prenez l'autoroute.
3 Vous allez à Chaviray ? Prenez le car.
4 Vous allez à l'aéroport ? Prenez le métro.
5 Vous allez à New York ? Prenez le métro et l'avion.
6 Vous allez à Dijon ? Prenez le bus et le train.

5

Pardon (*or* excusez-moi) madame, pour aller à la route de Dijon s'il vous
    plaît?
Oui, tout droit et aux feux rouges à gauche.
C'est indiqué ?
Bon. C'est simple. Merci. Au revoir.

6

Dans le quartier, non (*or* Pas dans le quartier) mais il y a une pharmacie
    place Poincaré.
Non, c'est très (*or* tout) près. A cinq minutes à pied.
Vous traversez la rue de la République, vous prenez l'avenue Eugénie,
    c'est la première à droite, puis la place Poincaré est à cinq cents mètres.
Oui. C'est ça.
Je vous en prie (*or* de rien).

7

Vous êtes en voiture ?
A dix minutes en voiture.
Vous prenez l'avenue de la République, à la gare vous tournez à droite, vous
    tournez à gauche à la place Gambetta — et puis c'est tout droit.
C'est indiqué à la gare.
Je vous en prie (*or* De rien).

Chapter 9

1

1 Non, je déteste aller à la mer.
2 Oui, j'adore faire la cuisine.
3 Oui, j'adore les aubergines.
4 Non, je déteste marcher sur les quais de la Seine.
5 Oui, j'adore le jazz.
6 Oui, j'adore regarder la télévision.
7 Non, je déteste danser.
8 Oui, j'adore manger des plats français.
9 Non, je déteste aller au café.
10 Non, je déteste voyager.

2

1 J'aime tout le jazz.
2 J'aime toute la viande.
3 J'aime toute la France.
4 J'aime toute la cuisine française.
5 J'aime tous les plats régionaux.
6 J'aime tous les légumes.
7 J'aime tout le cinéma américain.
8 J'aime tous les gâteaux.
9 J'aime toute la littérature française.
10 J'aime toute la période 'Swing'.

3

J'aime tout.
Oui, j'aime assez faire la vaisselle.
Je n'aime pas beaucoup (*or* trop) faire les lits.
J'adore faire la cuisine.
J'aime faire des plats régionaux.
La cuisine française — les escargots, le coq au vin, les tartes.
Je n'aime pas beaucoup (*or* trop) la viande.
Ah non! Je n'aime pas du tout les oeufs.

4

Vous aimez la musique?
Quel est votre compositeur préféré?
Et les compositeurs français?
Vous aimez la musique romantique, n'est-ce pas?
J'aime la musique moderne.
Un peu, oui, mais je préfère Bartok et Gershwin.
Oui — mais Gershwin est très romantique.
J'adore le théâtre classique.
J'aime aussi Racine.
J'aime assez Pinter mais je préfère Ionesco. Vous aimez Brecht?
Je déteste Brecht.

5

Je n'aime pas le poulet rôti.
Je ne mange pas le coq au vin.
Je déteste le steak.
Je n'aime pas du tout la sole.
Pas beaucoup (*or* pas trop).
Pas du tout.
Pas beaucoup (*or* pas trop).
Oui!
J'adore les courgettes au gratin.
Quelle bonne idée! Merci. Et de l'eau s'il vous plaît.

Chapter 10

1

1 Est-ce qu'on peut fumer?
2 Est-ce qu'on peut voir le menu?
3 Est-ce qu'on peut avoir une bouteille de beaujolais?
4 Est-ce qu'on peut acheter des timbres dans un bureau de tabac?
5 Où est-ce qu'on peut acheter des cartes postales?
6 Où est-ce qu'on peut garer la voiture?

7 Où est-ce qu'on peut jouer à la pétanque?

8 Où est-ce qu'on peut manger dans le quartier? (*or* par ici)

9 Quand est-ce qu'on peut visiter la cathédrale?

10 Quand est-ce qu'on peut parler à Monsieur Dutronc?

11 Quand est-ce qu'on peut téléphoner au bureau de poste (*or* à la poste)?

12 Quand est-ce qu'on peut aller au théâtre?

2

1 On ne peut pas danser dans un musée.

2 On ne peut pas manger un steak dans un cinéma.

3 On ne peut pas aller à la chasse dans un parking.

4 On ne peut pas jouer à la pétanque dans une gare.

5 On ne peut pas acheter des timbres dans un train.

6 On ne peut pas jouer du piano dans un bureau de poste.

7 On ne peut pas aller au lit dans un supermarché.

8 On ne peut pas garer la voiture sur la pelouse.

3

Où est le bureau de poste (*or* la poste) s'il vous plaît?

Alors où est-ce qu'on peut acheter des timbres s'il vous plaît?

Est-ce qu'il y a (*or* il y a) un bureau de tabac dans le quartier? (*or* par ici)

C'est loin?

Bon, merci. Au revoir.

4

Je voudrais dix timbres à un franc s'il vous plaît.

Oui, bien sûr. Je voudrais vingt timbres à cinquante centimes.

Je voudrais un paquet de cigarettes aussi.

Un paquet de cigarettes anglaises avec filtre, s'il vous plaît.

C'est tout. Ça fait (*or* c'est) combien?

Voilà quinze francs.

Merci, au revoir.

5

Le train de Toulouse arrive à quelle heure s'il vous plaît?

Sept heures moins le quart, c'est ça?

A quel quai s'il vous plaît?

Merci. Et pour aller à Aix s'il vous plaît?

Je préfère le matin.

Il est direct?

Le train arrive à Aix à quelle heure s'il vous plaît?

Est-ce qu'il y a (*or* il y a) un wagon-restaurant?

Merci, au revoir.

Chapter 11

1

1 Non, je le déteste.

2 Non, je la déteste.

3 Non, je le déteste.

4 Non, je la déteste.

5 Non, je les déteste.

6 Non, je le déteste.

7 Non, je les déteste.

8 Non, je le déteste.

9 Non, je les déteste.

10 Non, je le déteste.

2

1 J'ai besoin d'argent.

2 J'ai besoin d'un tire-bouchon.

3 J'ai besoin d'un garage.

4 J'ai besoin de dix francs.

5 J'ai besoin d'une veste.

6 J'ai besoin d'une cigarette.

7 J'ai besoin d'un psychiatre.

8 J'ai besoin d'un bain.

9 J'ai besoin d'aide.

10 J'ai besoin de travail.

3

Je vais passer quelques jours à la campagne.
Ma soeur a une maison à la campagne.
Non. J'ai l'intention de passer quelques jours à Paris aussi.
Pour mon travail mais pour le tourisme aussi.
Je vais acheter des livres, et je vais visiter le Louvre.
J'adore le théâtre.
Je vais aller à l'Opéra.
Je pense manger dans un petit restaurant à Montmartre.
Je vous en prie (*or* De rien). Au revoir.

4

Bonjour (monsieur). Avez-vous (*or* vous avez) une chambre s'il vous plaît?
C'est pour jeudi.
C'est pour deux personnes.
Je voudrais une chambre seulement. Avez-vous une chambre à deux lits?
Parfait! C'est combien?
Le petit déjeuner est compris?
Très bien. Je prends la chambre 25.
Non. C'est pour trois nuits; ça va?
Madame Beauchamp et Mademoiselle Latrombe.

Try your skill

1

1 Ah non, je déteste toutes les viandes. (*Likes and dislikes* p. 102)
2 Est-ce qu'on peut garer la voiture ici s'il vous plaît? (*on peut* p. 113)
3 J'ai l'intention d'acheter beaucoup de cadeaux. (*needs and intentions* p. 125; *quantities* p. 71)
4 Je voudrais du pain. (*some/any* p. 45)
5 Vous allez au restaurant? Bon appétit! (*Pour aller à la gare* p. 90; *Bon appétit* p. 105)
6 Pardon, quelle heure est-il? Il est sept heures. (*time* p. 114)
7 Oui, s'il vous plaît.
8 Vous aimez le beaujolais? Oui, mais je préfère le café. (*likes and dislikes* p. 102; *verbs* p. 136/7)
9 Quand est-ce qu'on peut visiter le musée? Tous les jours. (*on peut* p. 113)
10 Vous avez besoin de café? (*Needs* p. 125)
11 Si vous voulez des cartes postales, allez aux grands magasins. (*adjectives* p. 144; *à* p. 71)
12 Où est-ce qu'on peut manger par ici? Au restaurant Griffon. (*on peut* p. 113)
13 Où sont les grands magasins? Les voilà là-bas. (*plurals* p. 34; *pointing things out* p. 34)
14 Je vais chez mes parents avec mon mari. (*aller* p. 136; *my/your* p. 80)
15 Où allez-vous? Je pense aller à la campagne. (*intentions* p. 125)
16 La pharmacie est entre l'épicerie et le cinéma. (*vocabulary*)
17 Où est mon sac? Voici votre sac. (*My/your* p. 80)
18 Tous les champagnes sont chers. (*tout* p. 103)
19 Vous allez au lit à quelle heure? (*quand* p. 114)
20 Voulez-vous répondre à ces questions? (*je voudrais* p. 80; *ce* p. 103)
21 Quelles sont vos actrices préférées? (*quel* p. 103; *adjectives* p. 144)
22 J'ai l'intention d'acheter une grande voiture. (*intentions* p. 125; *adjectives* p. 144)
23 Je déteste les betteraves. Quelle horreur! (*likes and dislikes* p. 102: *quel* p. 91)

24 Je vais prendre une semaine de vacances. (*Vocabulary*)
25 Voulez-vous vos billets? (*My/your* p. 80)
26 Je voudrais manger. J'ai faim. (*j'ai faim* p. 81)
27 Je ne les aime pas. (*it/them* p. 125)
28 M. Delambre travaille tous les matins. (*tout* p. 103)
29 Vous allez tout droit. (*Pour aller à la gare* p. 90/91)
30 Quel numéro voulez-vous? (*telephone numbers* p. 83)
31 Il y a un musée dans cette ville? (*ce* p. 103)
32 C'est la première à droite. (*the answers* p. 91)
33 C'est loin? Non, c'est à cinq cents mètres. (*directions* p. 139)
34 Où habitez-vous? Rue de la Grande Armée.
35 Je n'ai plus d'argent. Alors qu'est-ce que je vais faire?
     (*some/any* p. 45; and *vocabulary*)
36 Qu'est-ce que vous préférez? J'aime surtout la musique classique.
     (*Likes and dislikes* p. 102)
37 On peut fumer s'il vous plaît? (*on peut* p. 113)
38 Voulez-vous danser avec moi? (*je voudrais* p. 80; *moi* p. 81)
39 Est-ce qu'on peut manger ici s'il vous plaît? (*on peut* p. 113)
40 Est-ce que vous avez l'intention de travailler ce soir? (*intentions* p. 125)

2

A–5; B–8; C–3; D–7; E–11; F–4; G–1; H–10; I–6; J–2; K–9; L–12.

3

Mon mari *travaille* dans une banque et je *suis* étudiante *en médecine*.
J'habite un petit appartement dans une maison ancienne près *du* centre *de
la* ville. *Il y a* deux pièces: une petite chambre et une salle de *séjour*, avec,
bien sûr, une cuisine et une *salle* de bains. *Je voudrais* un appartement plus
grand ou une maison — je *préfère* habiter une maison. Mais l'appartement
est tranquille et *près* de mon travail. *On peut* partir le matin dix minutes
avant le travail et on n'a pas *besoin* de prendre l'autobus. Je *déteste*
l'autobus le matin!

Vocabulary

NB   The English translations apply to the words *as they are used in the texts*.
Adjectives are normally given only in the masculine singular form. For more
information on agreement see the adjective list on p. 144.
Abbreviations: *m* masculine; *f* feminine; *pl* plural; *adj* adjective

A

à *at; to; in; with (see note 3 p. 56)*
a *has (from* avoir*)*
abandonner *to abandon*
abominable *dreadful*
ai: j'ai *I have (from* avoir*)*
absolument *absolutely*
l' accident (*m*) *accident*
accepter *to accept*
accompagner *to go with*
acheter *to buy*
l' acteur (*m*) *actor*
actif *active*
l' activité (*f*) *activity*
l' actrice (*f*) *actress*
l' adepte (*m* or *f*) *fan, enthusiast*
adieu *farewell*
adorer *to love, adore*
l' adresse (*f*) *address*
l' âge (*m*) *age;* quel âge avez-vous? *how old are you?*
âgé de deux ans *two years old*
l'agent (*m*) *policeman (see p. 15/16)*
agréable *pleasant*
l' aide (*f*) *help*
aimable *kind*
aimer *to like, love*
l' alcool (*m*) *alcohol*
l' aligoté (*m*) *white wine from Burgundy* (see p. 47)
alimentaire *to do with food (adj)*
aller *to go (see p. 136);* allez! *come on!*
un aller-retour *return ticket;* un aller simple *single ticket*
allô *hello (on telephone)*
alors *well;* non alors! *oh no!*
l' amant (*m*) *lover*
l' ambulance (*f*) *ambulance*
américain *American*
l' ami (*m*) *friend*
l' amour (*m*) *love*
amoureux *in love*
les amoureux *lovers*

l'an (*m*) *year;* le Jour de l'An *New Year's day;* j'ai trente ans *I'm thirty years old*
l' anatomie (*f*) *anatomy*
ancien *old, ancient*
l' andouillette (*f*) *(see p. 105)*
anglais *English*
l' Angleterre (*f*) *England*
les animaux (*m*) *animals*
l' appareil (*m*) *machine;* à l'appareil *on the telephone;* l'appareil ménager *household gadget*
l' appartement (*m*) *flat*
appeler: je m'appelle *my name is;* comment vous appelez-vous? *what's your name?*
l' appétit (*m*) *appetite;* bon appétit *enjoy your meal*
après *after*
l' après-midi (*m*) *afternoon*
l' argent (*m*) *money*
l' armée (*f*) *army*
l' arrêt (*m*) d'autobus *bus-stop*
arrêter *to stop*
arriver *to arrive; to come;* j'arrive *I'm coming*
l' art (*m*) *art;* les Beaux-Arts *Fine Arts*
l' artiste (*m* and *f*) *artist*
l' ascenseur (*m*) *lift*
l' aspirateur (*m*) *vacuum cleaner*
assez *quite; quite a lot; enough*
l' assurance (*f*) *insurance*
l'athlète (*m* or *f*) *athlete*
l' attachée (*f*) de presse *press officer*
l' attaque (*f*) *attack;* à l'attaque *charge*
attendre *to wait;* attendez! *wait!*
attention! *careful; watch out!*
au (*pl* aux) *at the; to the; with (see note 3 p. 56)*
au revoir *goodbye*
aucun *no (adj)*
aujourd'hui *today*
aussi *as well; too*
l' autobus (*m*) *bus*
automatique *automatic*
l' autoroute (*f*) *motorway*

l' auto-stop (*m*) *hitch-hiking*
autre *other*; autre chose *something else*
avec *with*
avez: vous avez *you have* (*from* avoir)
avoir *to have* (*see p. 136*); avoir froid *to be cold*; avoir faim *to be hungry*; avoir soif *to be thirsty*; avoir besoin de *to need*

B

le baba au rhum *rum baba*
la baguette *French loaf* (*see p. 46/47*)
le bain *bath*
la banane *banana*
la banque *bank*
le bar *bar*
le bâtiment *building*
beaucoup *a lot, very much*
beau (*f* belle) *beautiful*; il fait beau *it's nice weather*
les beaux-parents (*m*) *parents-in-law*
les Beaux-Arts *Fine Arts*
belge *Belgian*
belle (*f*) *beautiful*
besoin: avoir besoin de *to need*
la betterave *beetroot*
le beurre *butter*
bien *well*; bien sûr *of course*; ou bien *or else*
bientôt *soon*; à bientôt *see you soon*
la bière *beer*
le bifteck *steak*
le billet *ticket*
le biscuit *biscuit*
bizarre *strange*
blanc *white*
blessé *hurt*
bleu *blue*
boeuf: le rôti de boeuf *roast beef*
boire *to drink*; je bois *I drink*
le bois *wood*; le feu de bois *log fire*
la boîte *tin, box*
bon *good*
le bonheur *happiness*
bonjour *hello*
bonsoir *good evening*
la botte *boot*
le boulevard *boulevard, avenue*
la Bourgogne *Burgundy*
la bouteille *bottle*
la boxe *boxing*
la Bretagne *Brittany*
la brioche *brioche* (*see p. 48*)
bruxellois *from Brussels*
bruyant *noisy*
le bureau *office*; le bureau de tabac *tobacconist's* (*see p. 116*)

C

ça *that;* ça va? all right? (*see p. 35*); ça fait combien? *how much does that come to?*; avec ça? *anything else?*; c'est ça *that's right*
la cabine *booth; telephone box* (*see p. 82*)
le cadeau *present*
le café *coffee*; le café crème, le café au lait *white coffee*
la caisse *cash desk* (*see banque p. 36*)
calme *quiet, calm*
le calvados *calvados* (*apple brandy*)
la campagne *countryside*
le camping: le terrain de camping *camp-site*
le capitaine *captain*
la capitale *capital*
car *as, because*
le car *coach*
la carte *map*; carte d'identité *identity card* (*see p. 16*);
la carte grise *log book*
la carte postale *post card*
cassé *broken*
le cassis *blackcurrant juice* (*see p. 47*)
la catastrophe *catastrophe*
la cathédrale *cathedral*
ce *it*; c'est *it is, she is, he is*
ce *this, that* (*see p. 103*)
cela *that*; c'est cela *that's it*
ceci *this*
le céleri *celery*
célibataire *single*
cent *hundred*
le centre *centre*; le centre ville *town centre*
certain *certain*
certainement *certainly*
ces *these, those* (*see p. 103*)
cet (*f* cette) *this, that* (*see p. 103*)
la chambre (*bed*)*room*
le champ *field*
le champagne *Champagne*
le champignon *mushroom*
la chance *luck*
le changement *change*
la chanson *song*
le chanteur *singer*
la charcuterie *delicatessen; cooked meats* (*see p. 46*)
charmant *charming*
le charme *charm*
la chasse *hunting, shooting;* aller à la chasse *to go hunting*
le chasseur *hunter*
le château *castle*
la chaussette *sock*
la chaussure *shoe*
la chemise *shirt*
le chèque *cheque*

cher *dear, expensive*
chercher *to look for*
chéri *darling*
chez: chez moi *in/to my home*
le chocolat *chocolate*
la chose *thing*; autre chose *something else*;
    quelque chose *something*
chut! *shh! (i.e. keep quiet)*
la chute de pierres *falling rocks*
la cigarette *cigarette*
le cinéma *cinema*
cinq *five*
circuler *to move (traffic)*
le citron *lemon*; le citron pressé (*see p. 105*)
la civilisation *civilisation*
la classe *class*
classique *classical*
la clé *key*
le climat *climate*
le cocker *cocker spaniel*
la coïncidence *coincidence*
combien? *how much?*; combien de . . .
    how much/many . . .; ça fait combien?
    how much does it come to?; c'est
    combien? *how much is it?*
comique *comic*
comme *like; as*
commencer *to begin*
comment: comment vous appelez-vous?
    what's your name?; il est comment?
    what's he like?; comment! *what!*
la commerçante *shop-keeper (female)*
le commerce *commerce, business*
communiste *communist*
complet *full (see p. 48)*
le compositeur *composer*
compris *included (see p. 126)*
le comté *comté cheese (see p. 48)*
la confiture *jam*
consommation: la société de
    consommation *the consumer society*
content *happy*
continuer *to continue, go on*
le coq au vin *coq au vin (chicken stewed in
    wine)*
coquette *smart*
côté: à côté de *next to, beside*; de l'autre
    côté *on the other side*
la couleur *colour*; la télévision-couleur
    colour television
la coupe de cheveux *haircut*
la cour *parade ground*
le courage *stamina*; courage! *come on!*
la cousine *cousin (female)*
le couteau *knife*
le couturier *fashion designer*
la cravate *tie*
la crème *cream*

le crème *white coffee*
la crise de l'énergie *the energy crisis*
le croissant *croissant*
cubiste *cubist*
la cuisine *kitchen; cooking*
les cuisses (f) de grenouilles *frog's legs*
cuit *cooked*
la culture *culture*; la maison de la culture
    (*see p. 68*)
culturel *cultural*

D

d'abord *first of all*
d'accord *all right, O.K.*
dangereux *dangerous*
dans *in*
danser *to dance*
de *of; from*
la décadence *decadence*
décidé *decided*
le défaut *fault*
dehors *out, outside*
le déjeuner *lunch*; le petit déjeuner *breakfast*
demain *tomorrow*
demi *half*; une heure et demie *half past one*
déranger *to disturb*
dernier *last*
des *of the; some, any (see p. 45)*
désagréable *unpleasant*
descendre *to go down*
désirer: vous désirez? *what would you
    like?*
désolé *very sorry*
le dessert *dessert*
détester *to hate*
deux *two*
deuxième *second*
devant *in front of*
Dieu *God*; mon Dieu *goodness me (see
    p. 26)*
dimanche *Sunday*
le diplomate *diplomat*
direct *direct*
le directeur *manager*
la direction *direction*
dix *ten*
la dizaine *about ten*; des dizaines *lots of*
le docteur *doctor*
donc *therefore, so, then*
donner *to give*
dormir *to sleep*
la douche *shower*
douce: la moutarde douce *mild mustard*
la douzaine *dozen*
le dragon *dragon*
droit: tout droit *straight on*

droite *right*
du *of the; some* (*see p. 46*)
le duc *duke*
du tout *at all*
dynamique *dynamic*

E

l' eau (*f*) *water*
écouter *to listen to*
l'éducation (*f*) *manners; education*
également *also, as well*
l' église (*f*) *church*
égoïste *selfish*
eh bien *well, well then*
élégant *elegant*
elle *she, it;* elles *they*
l' émission (*f*) *broadcast*
en *in, on;* en ville *to town*
encore *still, yet;* encore de *some more*
l' endroit (*m*) *place*
l' énergie (*f*) *energy*
l' enfant (*m* or *f*) *child*
enfin *at last; well now*
enlever *to take off; to take out*
énormément: j'aime énormément *I love, adore*
ensemble *together;* les grands ensembles *high rise blocks*
ensuite *next, afterwards*
entendu *certainly, of course*
l'entraînement (*m*) *training*
entre *between*
entrer *to come in, go in*
épice: le pain d'épice *gingerbread*
l' épicerie (*f*) *grocer's*
l' escargot (*m*) *snail*
espagnol *Spanish*
essentiellement *basically*
est *is;* est-ce que (*see p. 69*)
et *and*
l' étage (*m*) *floor*
l' été (*m*) *summer*
êtes: vous êtes *you are* (*from* être)
l' étoile (*f*) *star*
être *to be* (*see p. 136*)
l' étudiant (*m*) *student* (*male*)
l' étudiante (*f*) *student* (*female*)
l' événement (*m*) *event*
exactement *exactly*
excusez-moi *excuse me;* excusez-nous *excuse us;* je m'excuse *I'm sorry*
exemple: par exemple *for instance, for example*
l' exercice (*m*) *exercise*
l' exposition (*f*) *exhibition*
l' extérieur (*m*): à l'extérieur de *outside*

F

face; en face (de) *opposite*
facile *easy*
façon: d'une façon générale *in general terms*
faim: avoir faim *to be hungry*
faire *to make, to do* (*see p. 136*)
fait (*from* faire): ça fait combien ? *how much does it come to ?;* il fait beau *the weather's nice*
familial *of the family* (*adj*)
la famille *family;* la mère de famille *wife and mother*
fatigant *tiring*
fatigué *tired*
la femme *woman; wife*
fermé *closed*
fêter *to celebrate*
le feu *fire;* le feu de bois *log fire*
les feux (*m*) rouges *traffic lights*
février *February*
la fille *girl*
le film *film*
le fils *son*
la fin *end*
la finale *final*
fini *finished*
finir *to finish*
la firme *firm*
le flic *cop* (*see p. 93*)
la fois *time*
folie: à la folie *madly* (*see p. 104*)
la folle *silly girl*
la forêt *forest*
formidable *tremendous*
fort *strong*
la fortune *fortune*
la foule *crowd*
frais *fresh*
la fraise *strawberry*
la framboise *raspberry*
le franc *franc*
français *French;* le Français *Frenchman* la Française *Frenchwoman*
le frère *brother*
le frigidaire *fridge*
les frites (*f*) *chips*
froid: avoir froid *to be cold*
le fromage *cheese*
le fruit *fruit*
fumer *to smoke*
furieux *furious*

G

galant *gallant*
le garage *garage*

le garçon *boy; waiter*
le gardien *keeper, attendant*
la gare *station*
    garer *to park*
    gastronomique *gastronomic*
le gâteau *cake*
    gauche *left*
le gendarme *policeman* (see p. 15)
    général: en général *as a rule, in general*
    généralement *generally*
la génération *generation*
le genre *sort, kind*
    gentil *nice; kind*
la géographie *geography*
    gourmet *gourmet*
    grand *big, large, great*; les grands
        ensembles *high rise blocks*
    gratuit *free*
    grave *serious*
la grenouille *frog*
    grillé *grilled*
    gris *grey*; la carte grise *log-book*
    gros *big, large*
le groupe *group*

H

    habitable *habitable*
    habiter *to live*
    haut *high*
le héros *hero*
l' heure (*f*) *hour*; quelle heure ? *what time ?*;
        trois heures *three o'clock*
    heureux *happy*
l' histoire (*f*) *history*
    historique *historic*
l' homme (*m*) *man*
    honnête *honest*
l' hôpital (*m*) *hospital*
    horreur: quelle horreur *how dreadful*
l' hôtel (*m*) *hotel*
l' hôtesse (*f*) *receptionist*
l' huile (*f*) *oil*
    huit *eight*
l' huître (*f*) *oyster*

I

    ici *here*; par ici *this way; nearby*
    idéal *ideal*
    il *he, it*
    il y a *there is, there are*; Qu'est-ce qu'il y
        a ? *what's the matter ?*
l' imbécile (*m* or *f*) *fool*
    importe: n'importe quel *any*
    impossible *impossible*
    indécis *undecided*
    indiqué *signposted*
    indiscret *indiscreet*

    individualiste *individualistic*
    individuel *individual* (*adj*)
l' industrie (*f*) *industry*
l' infirmière (*f*) *nurse*
les informations (*f*) *news*
    inquiet *on edge*
l' insecte (*m*) *insect*
    instant: un instant *just a moment*
l' instrument (*m*) *instrument*
    intention: avoir l'intention de *to intend to*
    interdit *forbidden* (see p. 67)
    intéressant *interesting*
l' invasion (*f*) *invasion*

J

    jaloux *jealous*
le jardin *garden; park* (see p. 67)
le jazz *jazz*
    je (j' *before vowel*) *I*
le jeudi *Thursday*
    jeune *young*
    joli *pretty*
    jouer *to play; to act*
le jour *day*; Jour de l'An *New Year's Day*
la journée *day, daytime*
le jus *juice*
    jusqu'à *as far as, until*
    juste *just; exactly*

K

le kilomètre *kilometre*

L

    la *the* (*f*)*; it/her*
    là *there; here*; par là *that way*; là-bas *over
        there*
le lac *lake*
    laisser *to leave*
le lait *milk*
le lapin *rabbit*
    le *the* (*m*)*; it, him*
le légume *vegetable*
    les *the* (*pl*)*; them*
la Libanaise *Lebanese woman*
la liberté *freedom, liberty*
    libre *free*
    lire *to read*
la liste *list*
le lit *bed*
le litre *litre*
la livre *pound* (see p. 66)
    loin *far*
les loisirs (*m*) *leisure activities*
    louer *to rent, hire*
le lundi *Monday*

M

ma *my* (*see p. 80*)

la machine à laver *washing machine*; machine à laver la vaisselle *dish-washer*

madame *Mrs; madam*; mesdames *ladies* (*see p. 15*)

mademoiselle *Miss* (*pl.* mesdemoiselles, *see p. 15*)

le magasin *shop*; les grands magasins *department stores*

magnifique *magnificent*

la main *hand*

maintenant *now*

la mairie *town hall* (*see p. 35*)

mais *but*; mais oui *of course*; mais non *of course not*

la maison *house*; la maison de la culture (*see p. 68*); à la maison (*at*) *home*; la spécialité de la maison (*see p. 59*)

mal *bad, badly*

malade *ill*

le malheur *misfortune*

la mandarine *mandarin*

manger *to eat*

marcher *to walk*

le mardi *Tuesday*

le mari *husband*

marié *married*

le massacre *massacre*

le matin *morning*

médiéval *medieval*

me *me*

même *same; even*

ménager *household* (*adj*)

la mer *sea*

merci *thank you*; merci beaucoup *thank you very much*; merci bien *many thanks*

le mercredi *Wednesday*

la mère *mother*

mes *my* (*pl*) (*see p. 80*)

le message *message*

la Messe *Mass*

messieurs-dames (*see p. 15*)

le mètre *metre*

miam miam *yum yum*

le miel *honey*

mieux *better*; ça va mieux *that's better*

le minimum *minimum*

la minute *minute*

le miracle *miracle*

le mixer *electric mixer*

le modèle *model*

moi *me* (*see pp 46 and 81*)

moins *less*

le moment *moment*; un moment! *just a minute!*

mon *my* (*see p. 80*)

la monnaie *change*

monsieur *Mr, sir*; messieurs *gentlemen* (*see p. 15*)

la montagne *mountains*

monter *to go up*

le monument *monument*

le morceau *piece*

mort *dead*

mourir *to die*

la moutarde *mustard*

moyen *average; medium*

municipal *municipal*

mûr *ripe*

le musée *museum*

le musicien *musician*

la musique *music*

N

la natation *swimming*

la nature *nature*

nécessaire *necessary*

ne ... pas *not* (*see p. 70*)

ne ... personne *nobody*

ne ... plus *no longer, no more* (*see p. 70*)

n'est-ce pas? (*see p. 69*)

neuf *nine*

Noël (*m*) *Christmas*

noir *black*

le nom *name*

nombreux *numerous*

non *no*

normalement *usually*

noter *to note down*

nous *we, us*

nouveau *new*

le numéro *number*

O

occupé *engaged*

l'oeuf (*m*) *egg*

l'ombre (*f*) *shadow*

l'omelette (*f*) *omelet*

on *you; one* (*see p. 114*)

l'orange (*f*) *orange*

ordinaire *ordinary*

organiser *to organise*

ou *or*; ou bien *or else*

où *where*

oublier *to forget*

oui *yes*

P

le pain *bread*; le pain d'épice *gingerbread* (*a speciality of Dijon*)

la paire *pair*

le palais *palace*

le pamplemousse *grapefruit*
le panneau *sign-post*
le pantalon *trousers*
  papa *daddy*
le paquet *packet*
  par *by*; par ici *this way; nearby;*
    par là *over there, that way;*
    par exemple *for instance, for example*
le parc *park*
  parce que *because*
  pardon *pardon, excuse me*
  parfait *perfect*
  parisien (f—enne) *Parisian*
le parking *car park*
  parler *to speak*
  part: de la part de (*see p. 81*)
  particulier *private*
la partie *game*
  partir *to leave, go away*
  partout *everywhere*
  pas *not*; pas de . . . *no . . .*; ne . . . pas (*see p. 70*)
le passage *passage*
  passer *to pass; to spend*
la passion *passion; great love*
  passionnément *wildly* (*see p. 104*)
le pâté de campagne *country pâté*
  patienter *to wait*
  pauvre *poor*
  payer *to pay*
le péage *toll*
  peindre *to paint*
le peintre *painter*
la pellicule *film*
la pelouse *lawn, grass*
  penser *to think*; je pense *I think so*
la pension *boarding-house*
le père *father*
la période *period*
le permis de conduire *driving licence*
le personnage *person*
  ne . . . personne *no-one*
la personne *person*
la pétanque *bowls* (*see p. 105*)
  petit *little, small*
le petit déjeuner *breakfast*
  peu: un peu *a little, a bit*; à peu près *about, approximately*
  peut: on peut *you/one can* (*see p. 113*)
  peut-être *perhaps*
la pharmacie *chemist's*
la pharmacienne *woman chemist*
le philosophe *philosopher*
la photo *photo*
la pièce *room*
  pied: à pied *on foot*
  pique-niquer *to picnic*
  pis: tant pis *too bad*

la place *square*
la plage *beach*
  plaît: s'il vous plaît *please*
le plan *street-map*
  plastique *plastic*
le plat *dish*
  plus *more*; ne . . . plus *not . . . any more* (*see p. 70*); non plus *either*; en plus *extra*
  plusieurs *several*
la poche *pocket*
la poire *pear*
le poisson *fish*
la pomme *apple*
le pompier *fireman* (*see p. 36*)
le pont *bridge*
le porte-monnaie *purse*
  posséder *to possess, have*
  possible *possible*
la possibilité *possibility*
  postal: la carte postale *post card*
la poste *post office*
le pot *pot, jar*
la poule *hen*
le poulet *chicken*
  pour *for*
le pourboire *tip*
  pourquoi ? *why ?*
  pratique *practical*
  pratiquer *to take part*
  préféré *favourite*
  préférer *to prefer, like most*
  premier *first*; en premier *first of all*
  prenant *time-consuming*
  prendre *to take; to have*; je prends *I'll take*; qu'est-ce que vous prenez? *what will you have?*
le prénom *christian name*
  préparé *prepared*
  près *near*; tout près *very near*; à peu près *approximately*
  présenter *to present*
le président *president*
  pressé *in a hurry*; le citron pressé (*see p. 105*)
  prie: je vous en prie *you're welcome, don't mention it; that's O.K.*
le prince *prince*
la princess *princess*
la prison *prison*
le prix *price*
le problème *problem*
  prochain *next*
  proche *near*
le professeur *teacher*
le progrès *progress*
  propre *clean*
le psychiatre *psychiatrist*
le pub (*see p. 93*)

le public *public*
    public (*adj. f – ique*) *public*
    puis *then*
    puisque *since*
les Pyrénées (*f*) *Pyrenees*

Q

le quai (*river*) *bank; platform*
la qualité *quality*
    quand *when*
le quartier *neighbourhood;* dans le quartier
    nearby, around here
    quatre *four*
    que ? *what ?*
    quel? *which? (see p. 103);*
    quel! *what a . . . ! (see p. 91);*
      n'importe quel *any*
    quelque *some;* quelque chose *something*
    quelqu'un *someone*
    qu'est-ce que ? *what ?*
la question *question*
    qui *who;* qui est-ce ? *who is it ?*
    quitter *to leave;* ne quittez pas *hold the
      line (telephone)*
    quoi ? *what ?*

R

la radio *radio*
la réception *reception*
    réduit *reduced*
    regarder *to look at, watch;* regardez ! *look !*
la région *region*
    régional *regional*
    regrette: je regrette *I'm sorry*
    relativement *relatively*
    relaxez-vous ! *relax !*
    religieux *religious*
    remercier: je vous remercie *thank you*
le rendez-vous *appointment*
le repas *meal*
    répondre *to reply*
la réponse *reply*
le reportage *report*
le repos *rest*
la république *republic*
    responsable *responsible*
    rester *to stay*
la révolution *revolution*
    riche *rich*
    rien *nothing*
la rive (*river*) *bank*
la rivière *river*
la robe *dress*
    romantique *romantic*
    rôti *roast;* le rôti de boeuf *roast beef*
    rouge *red*

la route *road*
la rue *street*

S

le sac *bag*
    sais: je ne sais pas *I don't know*
la saison *season*
la salade *salad*
    sale *lousy (lit. dirty)*
la salle *room;* la salle de bains *bathroom;* la
    salle de séjour *living room;* la salle de
    spectacle *small theatre*
le salsifi *salsify*
    saluer *to salute*
    samedi *Saturday*
la santé *health*
la sardine *sardine*
le saucisson *sausage*
    sauf *except*
la séance *sitting (see p. 83)*
la seconde *second*
    secours: au secours ! *help !*
le secret *secret*
le séjour *stay; living room;* bon séjour *have a
    good stay*
la semaine *week*
    sept *seven*
le service *service;* à votre service *don't
    mention it*
    servir *to serve*
    seul *alone;* un seul *just one*
    seulement *only*
    si *if; yes (see p. 46)*
    simple *simple, easy*
    six *six*
le ski *skiing*
la société *society;* la société de consomma-
    tion *consumer society*
la soeur *sister*
    soif: avoir soif *to be thirsty*
le soir *evening*
le soleil *sun*
le sommeil *sleep*
    somme: en somme *in short*
    son *his/her*
    sont *are (from* être*)*
la sorcière *witch*
la sortie *way out, exit*
    sortir *to go/come out*
    sous *under*
    souvent *often*
    spécial *special*
    spécialement *especially*
la spécialité *speciality;* la spécialité de la
    maison (*see p. 59*)
le spectateur *spectator*
    spirituel *witty, humorous*

splendide *splendid*
le sport *sport*
sportif *sporty*
le sprint *sprint*
le square *square* (*see p. 67*)
le stationnement *parking*
stationner *to park*
suffisant *enough*
le sucre *sugar*
suis: je suis *I am* (*from* être)
suite: tout de suite *straight away*
suivre *to follow*
superbe *superb*
le supermarché *supermarket*
sur *on*
sûr *sure*; bien sûr *of course*
surtout *above all*

T

tabac: le bureau de tabac *tobacconist's*
le tableau *picture*
le talent *talent*
tant: tant pis *too bad*; tant mieux *so much
    the better*
la tante *aunt*
tard *late*
le tarif *tariff, charge*
la tarte *tart*; la tarte aux pommes *apple tart*
la tasse *cup*
le taxi *taxi*
le teckel *dachshund*
la télé *telly*
le téléphone *telephone*
téléphoner *to telephone*
le téléspectateur *viewer*
la télévision *television*
tellement *so much*
le temps *time*
le terrain de camping *camp-site*
terrible *terrible*
le thé *tea*
le théâtre *theatre*
le timbre *stamp*
timide *shy*
le tire-bouchon *corkscrew*
le toit *roof*
la tomate *tomato*
toujours *always; still*
le touriste *tourist*
touristique *touristic*
tourner *to turn*
tout (*pl* tous) *all, every*
tout *everything*; c'est tout *that's all*; pas
    du tout *not at all*; tout droit *straight on*;
    tout de suite *straight away*; tout près
    very near; tout simple *very simple*;
    tout le monde *everybody*

le train *train*
le tranche *slice*
tranquille *quiet*
le travail *work*; au travail ! *to work !*
travailler *to work*
traverser *to cross*
très *very*
triste *sad*
trois *three*; troisième *third*
la trompette *trumpet*
le trompettiste *trumpeter*
trop *too, too much*
trouver *to find*
typique *typical*

U

un (*f* une) *one; a/an*
l' université (*f*) *university*
urgent *urgent*
uniquement *only*

V

va *goes*; ça va? *all right?* (*see p. 35*)
les vacances (*f*) *holidays*; en vacances *on
    holiday*
vais: je vais (*from* aller) *I'm going*
la vaisselle *washing up*
venez *come*
le verre *glass*
vert *green*
la veste *jacket*
les vêtements (*m*) *clothes*
la viande *meat*
la vie *life*
vieux (*f* vieille) *old*; mon vieux *old boy*
le village *village*
la ville *town, city*
le vin *wine*
visiter *to visit*
le visiteur *visitor*
vite *quickly*
vivant *alive*
vive . . . ! *long live . . . !* (*see p. 57*)
vivre *to live*
voici *here is*
voilà *there is*; voilà madame *there you are
    madam*
la voile *sailing*
voir *to see*
la voiture *car*
le voleur *thief*
votre (*pl* vos) *your* (*see p. 80*)
voyager *to travel*
vraiment *really*
voudrais: je voudrais *I'd like*
voulez-vous ? (*from* vouloir) *would you
    like? will you?* vous voulez *you want*
vous *you*

W

le wagon-bar *bar (on train)*
le wagon-restaurant *restaurant car*
le whisky *whisky*

Y

le yaourt *yoghurt*

Z

zut *damn, blast*

Acknowledgment is due to the following for permission to reproduce illustrations:

PAUL ALMASY restaurant, page 119; CAMERA PRESS LTD (photos Paul Almasy) street cafe, page 22, Nevers road signs, page 35; J. ALLAN CASH LTD Marseille market, Marseille harbour (Noel Habgood), both front cover, road signs in town, page 35, Rue de Rivoli, page 135; EDITIONS P.I., PARIS Antony Town Hall, page 36; FRENCH GOVERNMENT TOURIST OFFICE Saint – Madeleine de Vézelay, front cover; KEYSTONE PRESS AGENCY patisserie, page 50, Metro exit, page 67, flats, page 131; LEO PELISSIER charcuterie, page 47, fruit stall, page 64; AGENCE RAPHO cheese shop, page 47, graffiti (J. P. Defail), page 57, Maison de la Culture (R. Tholy), page 68, road signs (Ciccione), boules (Herve Donnezan), both page 104, outside cafe, page 115, Tabac, page 116, hotel reception, page 122 (all J. P. Defail), pharmacie (J. Gourbeix), page 127; JEAN RIBIERE identity card, page 16, women in street, page 22, drugstore, page 93; H. ROGER VIOLLET Provence farmers, page 22, posters, mustard pots, both page 58, notice, page 67, oyster stall, page 82, Pub Magenta (photo Lapad), page 93, patisserie (Albin Guillot), page 108, Rue Mouffetard, page 136. KSENIJA WILDING bistro, front cover.
Postage stamp on the back cover is reproduced by kind permission of the French PTT.

Numbers

1 un, une	28 vingt-huit
2 deux	29 vingt-neuf
3 trois	30 trente
4 quatre	31 trente et un
5 cinq	32 trente-deux
6 six	40 quarante
7 sept	50 cinquante
8 huit	60 soixante
9 neuf	70 soixante-dix
10 dix	71 soixante et onze
11 onze	72 soixante-douze
12 douze	73 soixante-treize
13 treize	77 soixante-dix-sept
14 quatorze	80 quatre-vingts
15 quinze	81 quatre-vingt-un
16 seize	82 quatre-vingt-deux
17 dix-sept	90 quatre-vingt-dix
18 dix-huit	91 quatre-vingt-onze
19 dix-neuf	99 quatre-vingt-dix-neuf
20 vingt	100 cent
21 vingt et un	101 cent un
22 vingt-deux	
23 vingt-trois	200 deux cents
24 vingt-quatre	201 deux cent un
25 vingt-cinq	220 deux cent vingt
26 vingt-six	500 cinq cents
27 vingt-sept	550 cinq cent cinquante

UNIVERSITY OF CAMBRIDGE
LOCAL EXAMINATIONS SYNDICATE
IN COLLABORATION WITH
THE BRITISH BROADCASTING CORPORATION

FORM BBC/E/C

ENSEMBLE Achievement tests in French, May 1976
INDIVIDUAL CANDIDATE ENTRY FORM

This form, when duly completed, must be handed to the *Registrar or Secretary of the Centre where you will take the test,* together with the fees due (see below), at the latest by 13 February 1976. A list of test centres will be available on request from the Local Examinations Syndicate, 17 Harvey Rd, Cambridge CB1 2EU, in December 1975. Further copies of this form may be obtained from this address.

The local Secretary will inform you where and when to attend for the test.

1 NAME (in block letters)_____
   (First forename followed by the initials of other forenames and by the surname.)

2 TITLE (state Mr, Mrs or Miss)_____

3 AGE (delete as necessary)   Under 18 | 18–29 | 30+

4 FULL POSTAL ADDRESS

_____

_____

_____

I certify that the details given above are correct.

Signed_____

Date_____

To be completed by the Registrar:

CENTRE NUMBER	CANDIDATE NUMBER	FEES DUE	£	p
		Entry fee charged by the Syndicate Entry fee charged by the Centre	3	00
		AMOUNT DUE		